Alfred Politycki

Deutschsprachige Schriftsteller
von 1200 bis zur Gegenwart
in Schautafeln und Kurzkommentaren

Alfred Politycki

Deutschsprachige Schriftsteller von 1200 bis zur Gegenwart

in Schautafeln und Kurzkommentaren

KNECHT VERLAG LANDAU

Die Deutsche Bibliothek - CIP-Einheitsaufnahme

Politycki, Alfred:
Deutschsprachige Schriftsteller von 1200 bis zur Gegenwart : in
Schautafeln und Kurzkommentaren / Alfred Politycki. - Landau
: Knecht.
[Hauptbd.]. - 1. Aufl. - 1996
ISBN 3-930927-20-9

1. Auflage [September] 1996
Kartengestaltung: Werner Bomans

ISBN 3-930927-20-9

Inhalt

Vorbemerkung   9

Hohes Mittelalter (1170-1270)   13
Hartmann von Aue, Walther von der Vogelweide,
Wolfram von Eschenbach, Gottfried von Straßburg,
Neidhart von Reuental

Spätes Mittelalter (1270-1500)   17
Wernher der Gartenaere, Meister Eckhart,
Johannes von Tepl, Oswald von Wolkenstein

Humanismus und Reformation (1470-1600)   21
Brant, Erasmus von Rotterdam, Murner, Luther,
Hutten, Sachs, Fischart

Barock (1600-1720)   25
Spee, Opitz, Logau, Fleming, Gryphius, Hofmannswaldau,
Grimmelshausen

Aufklärung (1720-1785)   31
Gottsched, Lessing, Lichtenberg

Empfindsamkeit (1740-1780)   35
Gellert, Klopstock, Wieland, Claudius, Jung-Stilling, Voß

Sturm und Drang / Geniezeit (1767-1785)   39
Herder, Bürger, Goethe, J.M.R. Lenz, Schiller

Klassik (1786-1805)   43
Goethe, Schiller, Hölderlin

Autoren zwischen Klassik und Romantik   49
Jean Paul, Kleist

Romantik (1798-1835)   51
A.W. Schlegel, F. Schlegel, Novalis, Wackenroder, Tieck,
E.T.A. Hoffmann, Brentano, Arnim, J. Grimm, W. Grimm,
Uhland, Eichendorff

Biedermeier (1815-1850)   59
Hebel, Raimund, Grillparzer, Platen, Immermann,
Droste-Hülshoff, Nestroy, Hauff, Mörike, Stifter

Junges Deutschland / Vormärz (1830-1850)   65
Börne, Heine, Grabbe, Büchner

Realismus (1840-1890)   71
Hebbel, Freytag, Storm, Fontane, Keller, C.F. Meyer,
Scheffel, Raabe

Autoren des ausgehenden 19. Jahrhunderts, die kei-   77
ner Epoche oder literarischen Richtung zuzuordnen
sind
Nietzsche, Wedekind

Naturalismus (1880-1900)   79
Anzengruber, Sudermann, Hauptmann, Holz

Symbolismus / Impressionismus / Wiener Moderne   85
(1890-1920)
Schnitzler, George, Hofmannsthal, Rilke, Musil,
St. Zweig, Horváth

Autoren, die vorwiegend während der ersten Hälfte   91
des 20. Jahrhunderts publiziert haben und keiner li-
terarischen Richtung zuzuordnen sind
Morgenstern, H. Mann, Th. Mann, Hesse, Feuchtwanger,
Broch, Jahnn, Jünger, Zuckmayer, Doderer, Brecht,
Kästner

Expressionismus (1910-1925)   97
Döblin, Sternheim, Kaiser, Kafka, Benn, G. Heym, Trakl,
Werfel

Dadaismus (1916-1920)   103
Ball, Arp, Schwitters

Gruppe 47 (1947-1967)   107
Andersch, Böll, Aichinger, Heißenbüttel, Bachmann,
S. Lenz, Grass, Walser, Rühmkorf, Enzensberger, Johnson

DDR-Literatur (1949-1990)   115
    Seghers, Hermlin, Kant, Chr. Wolf, H. Müller, S. Kirsch

Neue Innerlichkeit / Neue Subjektivität (ab 1975)   119
    Bernhard, Handke, Strauß

Nachkriegsautoren, die keiner literarischen Richtung   123
zuzuordnen sind
    Koeppen, Frisch, A. Schmidt, Celan, Dürrenmatt,
    Borchert, Fuchs, Jandl, Hochhuth, Wallraff, Kroetz

Abkürzungen   129
Quellen   130
Autorenregister   131

Vorbemerkung

Historische Darstellungen der deutschen Literatur gibt es viele. Darin nachzuschlagen ist für den Fachmann unverzichtbar; dem Laien wird oft die Zeit dazu fehlen - und vielleicht auch die Lust. Für den, der sich trotzdem einen ersten Überblick über die deutschsprachige Literatur verschaffen will - oder muß -, wie auch für den, der sich beim einen oder anderen Autor schnell einmal ins Gedächtnis rufen will, wann er gelebt und was er geschrieben hat: für all diese „normalen Leser" soll der vorliegende Band eine Hilfe sein.

In erster Linie eine optische Hilfe: Schautafeln sowie eine separate Gesamtübersicht verzeichnen die für die deutschsprachige Literatur relevanten Autoren von etwa 1200 bis zur Gegenwart, so daß sie bereits auf den ersten Blick ihrem literarischen Umfeld, ihrer Epoche oder literarischen Richtung zugeordnet werden können.

Doch was heißt „relevante Autoren", wer redet heutzutage überhaupt noch von Epochen, obendrein solchen, die sich einigermaßen abgrenzen und gewissen Schriftstellern präzise zuordnen lassen? Die Auswahl der hier aufgenommenen Namen orientiert sich zwar an einigen gängigen (im Anhang aufgeführten) Literaturgeschichten, ist aber - insbesondere im 20. Jahrhundert, wo der geringe Abstand des Betrachters oft noch für eine Verzerrung der Perspektive sorgt - notgedrungen nicht ganz frei von subjektiven Wertungen. Und was die Epochenangaben betrifft, so sei nicht verschwiegen, daß von der philologischen Forschung seit einiger Zeit die Auffassung vertreten wird, daß der Sturm und Drang ebenso wie die Empfindsamkeit als dialektische Teile der Aufklärung begriffen und die Klassik mit der Romantik als „Goethezeit" zusammengefaßt werden sollten. Für die erste Hälfte des 20. Jahrhunderts findet sich in der Literatur eine Vielzahl von Strömungen bzw. Gruppierungen: „Neue Sachlichkeit", „Neuklassik", „Neuromantik", „Exilliteratur", „Heimatkunst" etc...

Auch was die Zuordnung einzelner Autoren zu den Epochen bzw. literarischen Richtungen betrifft, so besteht in einigen Fällen kein Konsens unter den Fachleuten; generell akzeptierte Festlegungen existieren insbesondere bei der Nachkriegsliteratur nicht - und sind auch mit vorliegendem Buch nicht bezweckt! Denn dieses will ja nicht etwa den Erkenntnisgewinn einer Wissenschaft in Frage stellen, die zunehmend auf Etikettierung von Autoren verzichtet; es möchte vielmehr demjenigen, der zu derlei differenziertem Blick nicht bzw. noch nicht in der Lage ist, einen allerersten Überblick verschaffen, mehr nicht.

Im Textteil des Buches finden sich zu jedem der genannten Autoren einige Zeilen über dessen Leben und Werk. Naturgemäß würde eine vollständige Auflistung der einzelnen Publikationen den Rahmen des Buches sprengen, es handelt sich vielmehr um eine Auswahl, die für das Œuvre steht und zur Charakterisierung des Autors verhelfen soll. Desgleichen finden sich dort zu den bereits erwähnten literarischen Epochen bzw. Richtungen kurze erklärende Stichworte, und zwar stets nach folgendem Schema:

1. Kurzcharakteristik / Ausgangspunkt
2. historischer Hintergrund
3. literarische Zentren
4. wichtige Publikationsorgane bzw. Zeitschriften
5. philosophischer oder weltanschaulicher Hintergrund
6. literarische Umsetzung
7. Stoffe / Themen
8. Formen: Lyrik
                Drama
                Prosa
9. Nachwirkungen (gegebenenfalls)

Bei einigen Autoren ist die Zuordnung zu einer Epoche oder literarischen Richtung - wie bereits erwähnt - schwierig bzw. strittig, besonders bei Autoren des 20. Jahrhunderts (z.B. bei der „Gruppe 47"). In anderen Fällen steht die Schreibweise gewisser Autoren der Einordnung in ein Schema entgegen. Derartige Fälle sind in der Schautafel wie im Textteil jeweils separat verzeichnet. Daß sich hierüber diskutieren ließe - dem sei zum letzten Mal mit dem Hinweis begegnet, daß dieses Werk nicht mehr sein will als eine Informationshilfe für Einsteiger und Aussteiger, für Lehrer und Schüler, vielleicht auch für den einen oder anderen Studenten vor einer Klausur... Es erhebt nicht den Anspruch der Eigenständigkeit oder gar Originalität, ist den zahlreichen Literaturgeschichten verpflichtet, die es bereits gibt, und die hier in wieder und wieder gekürzter Form gewissermaßen auf jeder Seite durchschimmern.

Daß es bei einer derartigen Zusammenstellung immer etwas geben wird, was man besser machen könnte, wo man andere Akzente setzen oder eine andere Meinung vertreten kann, ist mir bewußt; für entsprechende Hinweise oder Verbesserungsvorschläge bin ich durchaus offen. - Ich möchte nicht versäumen, mich bei all denen zu bedanken, die mir bei meiner Arbeit mit Rat und Tat zur Seite standen.

Ottobrunn, im Mai 1996   A.P.

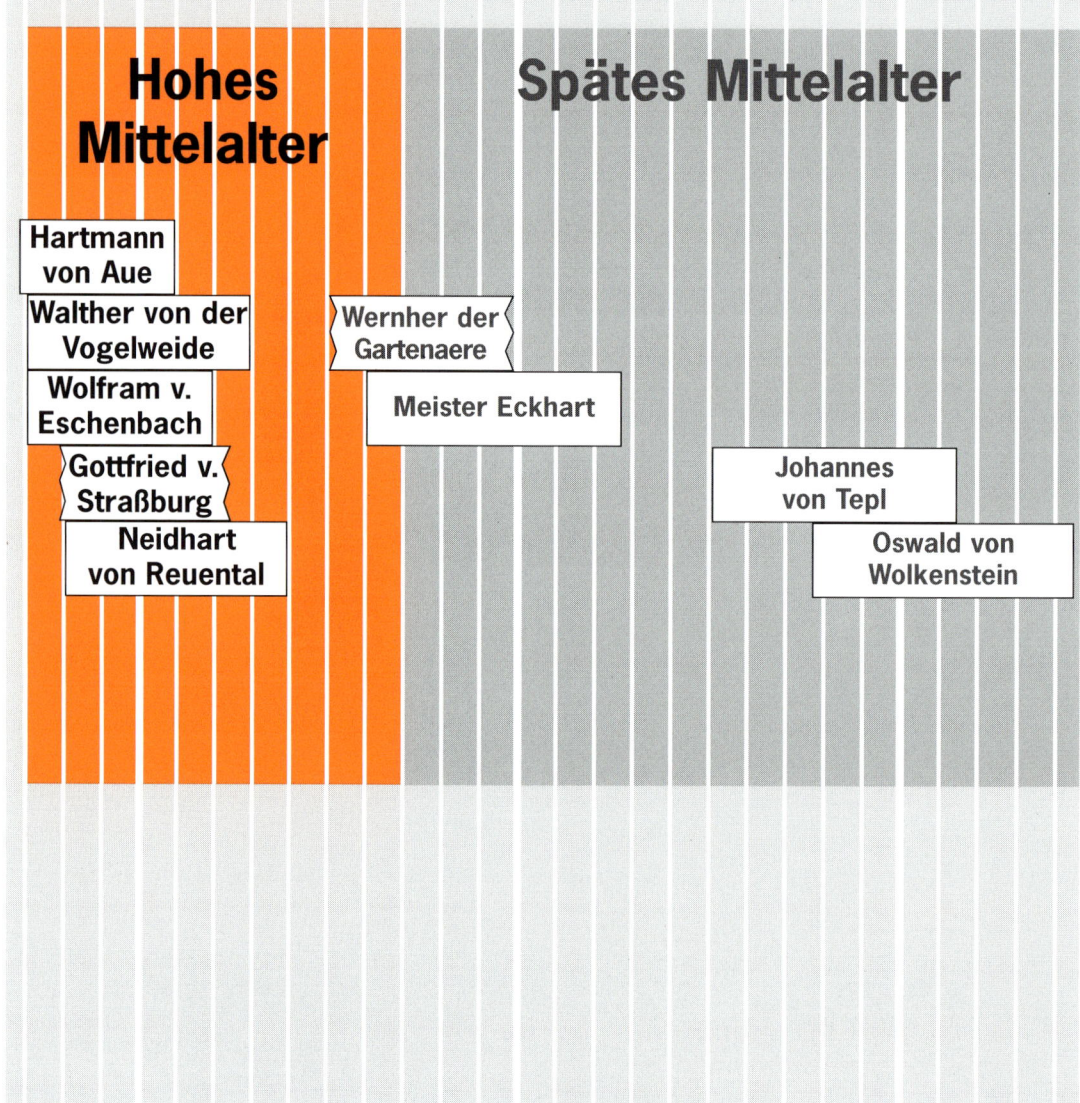

Hohes Mittelalter (1170-1270)

1. *Kurzcharakteristik / Ausgangspunkt:* Blütezeit der höfischen Dichtung nach dem Vorbild der frz. provenzalischen Kultur (Troubadoure); Beginn der mittelhochdeutschen Schriftsprache, nachdem bis ca. 1050 (neben Latein) das Althochdeutsche gebräuchlich war.
2. *histor. Hintergrund:* Machtentfaltung des Kaiserreiches unter Friedrich Barbarossa (1152-1190); 3. bis 6. Kreuzzug; Erstarken der Fürstentümer und des (internationalen) Ritterstandes;
3. *literar. Zentren:* die Fürstenhöfe;
4. *wichtige Publikationsorgane:* -
5. *weltanschaul. Hintergrund:* Verdrängung des dominierenden kirchl. Einflusses durch den Ritterstand; neben eine bislang herrschende Jenseitsbezogenheit treten Daseinsfreude und Geselligkeit;
6. *literar. Umsetzung:* Epen und Minnelieder für ein höfisches Publikum: idealistisch, aristokratisch;
7. *Stoffe / Themen:* höfisch-ritterliche Tugenden: Maß-Halten als Richtschnur eines harmonischen Lebens, Tapferkeit, Selbstzucht, Treue; „hohe Minne" (entsagende Liebe zu einer unerreichbaren Frau); Ritterschicksale („aventiure"); Spannungsverhältnis Diesseits-Jenseits;
8. *Lyrik:* vom Dichter vorgetragener Minnesang: Lieder (dreigeteilte, metrisch streng gebaute Strophen), Sangsprüche (Einzelstrophen) oder Leiche (ungleiche Versgruppen, verwandt mit den frz. Lais); künstlerischer Höhepunkt: Walther von der Vogelweide;
Drama: -
Prosa: höfische Epen: aus Frankreich importierte Sagenstoffe meist keltischen Ursprungs (Artus, Gral, Tristan); *Parzival* kann als Vorläufer des späteren Entwicklungsromans angesehen werden (s. Goethes *Wilhelm Meister*); Volksepen: das *Nibelungenlied* (Verf. unbekannt) lehnt sich an historische Ereignisse an;
9. *Nachwirkungen:* an die Minnesänger knüpfen im 15. und 16. Jh. die Meistersinger an.

Hartmann von Aue
um 1168-um 1210

Erster dt.sprachiger Epiker; schuf die Artusromane *Erec* und *Iwein* nach dem Vorbild der frz. Epen von Chrétien de Troyes: Beide Ritter verstoßen gegen die Tugendgesetze - Erec versäumt im ehelichen Glück seine Pflicht zum Kampf, Iwein vergißt bei seinen ritterlichen Abenteuern seine Frau; beiden werden Prüfungen bzw. Sühnetaten auferlegt, bevor sie Ehre und Gattin zurückgewinnen. Weitere Werke: *Minnelieder*; *Der arme Heinrich* („Ein Ritter so geleret was, daz er an den buchen las"); *Gregorius*: christl. Ödipus-Sage nach frz. Vorbild; H.s Versbau und seine klare Erzähltechnik wurden von späteren Dichtern als vorbildlich empfunden.

Walther von der Vogelweide
um 1170-1230

Bedeutendster dt.sprachiger Lyriker des MA; wahrscheinlich in Österreich geboren; vielleicht der erste Berufsdichter im dt. Sprachraum; stellte seine politischen Sangsprüche in den Dienst des Kaisers und der Fürsten (gegen den Papst); unterstützte die Kreuzzugspläne des Kaisers. Sein *Preislied* („Von der elbe unz an den rin un wid' unz in ungerlant...") regte Hoffmann von Fallersleben (1841) zur Dichtung des Deutschlandliedes an. In seinen Liebesliedern preist W. das Ideal der „hohen Minne"; daneben - oder erst später? - besingt er auch die wechselseitig beglückende Liebe (Einfluß der Vagantenlyrik); die Lieder dieser „ebenen" oder „niederen" Minne wurden für die Weiterentwicklung der Lyrik entscheidend.

Wolfram von Eschenbach
um 1170-1220

Verf. des bedeutendsten und am besten überlieferten höfischen Romans: *Parzival*; das umfangreiche Epos (ca. 25000 Verse) basiert auf dem unvollst. Roman *Perceval* des frz. Epikers Chrétien de Troyes; es schildert den wechselhaften Lebensweg des Helden von der Unschuld zum Sündenfall und zur Erlösung; Neugestaltung des Themas von R. Wagner in der Oper *Parzifal*; W.s zweites Epos *Willehalm* handelt vom Kampf frz. Ritter gegen die Sarazenen; W. verfaßte auch „Tagelieder", eine Sondergattung der Minnelieder, in denen von *erfüllter* Liebe gesprochen wird (der Wächter verkündet darin das Ende der Liebesnacht, deshalb auch „Wächterlieder").

14

Verf. von *Tristan und Isolt*; diesem Epos (unvollendet, ca. 20 000 Verse) liegt eine kelt. Sage (aus Britannien und Irland) und ein fragm. höfisches Epos des Anglonormannen Thomas d'Angleterre zugrunde: realist. Darstellung einer leidenschaftlichen Liebe, die wie eine übermächtige Naturgewalt alle Schranken durchbricht (Zaubertrank) und zu tragischen Konflikten und Schuld führt (Ehebruch); in formaler Hinsicht kann das Werk als Höhepunkt der mhd. Epik angesehen werden: der elegante, musikalische und virtuose Stil wurde später oft nachgeahmt; R. Wagner verwendete den Stoff für seine Oper *Tristan und Isolde*.

Gottfried von Straßburg
lebte um 1200

Fahrender Sänger, wahrscheinlich aus Bayern, später in Wien; Begründer der „Dörperlichen Dichtung": parodistische Übertragung des Minnesangs auf eine bäuerliche Umgebung, mit ironischen Seitenhieben gegen den „dörper" (Dörfler, Tölpel); Sommerlieder: Liebes- und Tanzlieder (meist in Dialogform); Winterlieder: Spottlieder über geckenhaft aufgeputzte, rauflustige Bauern; zotige bis obszöne Schwänke; N.s Lieder und Schwänke werfen ein deutliches Licht auf den Verfall der höfischen Sitten; die seit Mitte des 14. Jh.s bekannten „Neidhart-Spiele" (derbe Schwänke mit Neidhart als ritterlichem Bauernfeind) gelten als erstes Beispiel weltlicher Dramen in Dtl.

Neidhart von Reuental
um 1180-um 1240

1200 1300 **1400** 1500 **1600**

10 20 30 40 50 60 70 80 90 | 10 20 30 40 50 60 70 80 90 | 10 20 30 40 50 60 70 80 90 | 10 20 30 40 50 60 70 80 90 | 10 20 30 40 50 60 70 80 90

Hohes Mittelalter

Spätes Mittelalter

Humanismus und Reformation

Hartmann von Aue

Walther von der Vogelweide

Wolfram v. Eschenbach

Gottfried v. Straßburg

Neidhart von Reuental

Wernher d. Gartenaere

Meister Eckhart

Johannes von Tepl

Oswald von Wolkenstein

Brant

Erasmus von Rotterdam

Murner

Luther

Hutten

Sachs

Fischart

Spätes Mittelalter (1270-1500)

1. *Kurzcharakteristik / Ausgangspunkt:* Niedergang des Ritterstandes und der höfischen Dichtung; Bürgertum wird Kulturträger; Literatur und Sprache uneinheitlich (Dialekte); Zerfall der mhd. Literatursprache;
2. *histor. Hintergrund:* polit. und wirtschaftl. Erstarken des Bürgertums und der Städte (Zünfte, Hanse); Gründung von Universitäten (Prag, Wien, Heidelberg); Erfindung des Buchdrucks (um 1450);
3. *literar. Zentren:* -
4. *wichtige Publikationsorgane:* -
5. *weltanschaul. Hintergrund:* Untergangsstimmung (Pest-Epidemien, Hungersnöte); mystische Frömmigkeit (Meister Eckhart, Tauler, Seuse); bürgerl. Bildungsstreben; Wunsch nach Unterhaltung und Belehrung eines größeren Interessentenkreises;
6. *literar. Umsetzung:* wandernde (nichtadelige) Berufs- oder meistersängerliche Nebenberufsliteraten; kein eigentliches Programm; allgemeiner Niedergang der Form; zunächst überwiegend didaktische Schriften (Sprüche, Lehrgedichte); ab dem 16. Jh. Volksbücher, die in größerer Auflage erscheinen: erbauliche Erzählungen, Prosa-Bearbeitung der mhd. Versepen („Heldenbücher"), im Stil derb bis gekünstelt („Grobianismus" bzw. „geblümter Stil");
7. *Themen:* Heldensagen und Ritterabenteuer, z.T. in Übersetzungen aus dem Frz. (*Amadis*-Roman); religiös-moralisch bis satirisch-spöttisch; Erotik statt Minne (Boccaccios *Decamerone* als Vorbild);
8. *Lyrik:* allegorisch oder in Fabeln eingekleidete Lehrgedichte, Reimchroniken (formal fast frei, im Ggs. zum späteren Meistersang); Zeit- und Gelegenheitsdichtung;
   Drama: neben den geistl. Dramen (Passions- und Mysterienspielen) entwickeln sich mit Beginn des 15. Jh.s weltliche Fastnachtsspiele: früheste Gattung des weltlichen Dramas in dt. Sprache;
   Prosa: Fabeln, Novellen und Schwänke (*Till Eulenspiegel*); Unterhaltungsromane nach frz. Vorbild; Brief und Autobiographie als neue Gattungen.

Wernher der Gartenaere
lebte in der 2. Hälfte des 13. Jh.s

Stammt aus dem Innviertel (vielleicht aus dem Kloster Ranshofen bei Braunau); steht am Übergang zur bürgerl. Dichtung des späten MA; schrieb die Verserzählung *Meier Helmbrecht*, in der die gesellschaftl. Veränderungen gegen Ende des 13. Jh.s erkennbar sind (Verfall des Rittertums, zunehmende Macht der Stände): ein eitler Bauernsohn will das müßige Leben der höfischen Leute führen und geht zu den Raubrittern; sein Frevel gegen die gottgewollte Ordnung (Elternhaus, Bauernstand) bringt ihn vor den Richter; er wird geblendet und verstümmelt, später aufgehängt.

Meister Eckhart
1260-1327

Philosoph und Mystiker aus Thüringen; führendes Mitglied des Dominikanerordens, später in Paris, Straßburg und Köln als Lehrer tätig; seine Schriften sind teils in lat., teils in dt. Sprache verfaßt: Traktate, Andachtsbücher, Predigten; *Daz buoch der goetlichen Troestunge*: Leid öffnet den Zugang zu Gott; in seiner spekulativen Mystik geht E. von der Vorstellung eines gottverwandten „Seelenfünkleins" aus, der Gottesgeburt im Menschen (unio mystica); aus dem erstrebten Einswerden mit Gott ergibt sich die sittliche Aufgabe der „Abgeschiedenheit" und „Gelassenheit"; Teile seiner Schriften wurden von der Kirche verurteilt (Inquisitionsverfahren); die von ihm entwickelte mystische Glaubenslehre wurde später von seinen Schülern Heinrich Seuse (1295-1366) und Johannes Tauler (um 1300-1361) fortgeführt.

Johannes von Tepl
(= J. von Saaz)
um 1350 - um 1414

Schulrektor, Notar und Stadtschreiber aus Tepl (Saaz), später in Prag; Verf. eines Streitgesprächs zwischen Mensch und Tod, *Der Ackermann aus Böhmen*, das als bedeutendste Prosadichtung des späten MA und als erstes großes Denkmal des Humanismus in Dtl. angesehen wird: Dem Recht des Menschen auf das Leben (und sogar auf Glück) setzt der Tod die Vergänglichkeit und Nichtigkeit allen Lebens entgegen. Der Disput ist nach dem Vorbild lat. Rhetoriken in dt. Sprache dargestellt, wobei sich der Stil an der von Johannes von Neumarkt (um 1300-1380) initiierten Kanzleisprache orientiert. Die Deutung des Werkes ist bis heute umstritten, evtl. Einfluß des ital. Humanismus (Petrarca).

Dichter und Komponist aus einem südtiroler Adelsgeschlecht; in seinen Gedichten und Liedern schöpft er aus Erkenntnissen und Abenteuern seines bewegten Lebens: Kriegszüge, Reisen und politische Missionen, Fehden, Gefangenschaft, Liebesabenteuer. An die Standesschranken und traditionellen Ideale der höfischen Ritter (Zucht, Mäßigung) fühlt er sich nicht gebunden (Liebe zu einer Brixener Bürgerstochter); Tanz- und Trinklieder; seine temperamentvolle Liebeslyrik markiert in der dt. Literatur einen ersten Höhepunkt an Erotik; das Œuvre läßt einen meistersingerlichen Einfluß erkennen.

**Oswald
von Wolkenstein**
um 1377-1445

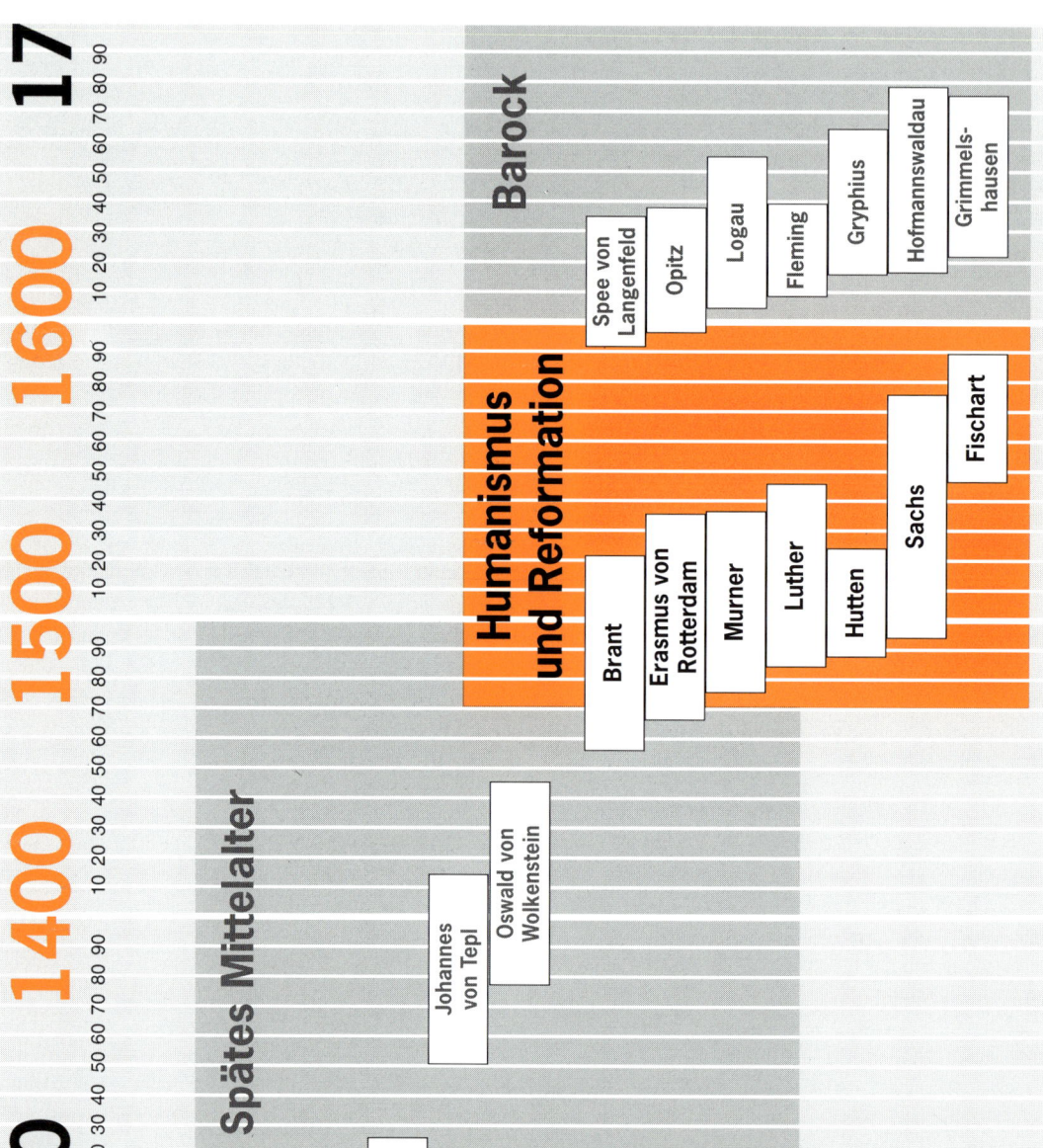

1300 1400 1500 1600 17

10 20 30 40 50 60 70 80 90 10 20 30 40 50 60 70 80 90 10 20 30 40 50 60 70 80 90 10 20 30 40 50 60 70 80 90 10 20 30 40 50 60 70 80 90

Spätes Mittelalter

Humanismus und Reformation

Barock

Wernher d. Gartenaere

Meister Eckhart

Johannes von Tepl

Oswald von Wolkenstein

Brant

Erasmus von Rotterdam

Murner

Luther

Hutten

Sachs

Fischart

Spee von Langenfeld

Opitz

Logau

Fleming

Gryphius

Hofmannswaldau

Grimmelshausen

Humanismus und Reformation (1470-1600)

1. *Kurzcharakteristik / Ausgangspunkt:* Beginn der Renaissance in Italien, ausgelöst durch die Flucht griech. Künstler und Gelehrter aus Konstantinopel (1453);
2. *histor. Hintergrund:* Untergang des Byzantinischen Reiches; im Kaiserreich von Karl V. wird Dtl. zum Nebenschauplatz; Entdeckung Amerikas (1492); Reformation (1517); Bauernaufstände (1524/25);
3. *literar. Zentren:* der Südwesten Dtl.s; an Höfen und Universitäten gegründete literar. Gesellschaften;
4. *wichtige Publikationsorgane:* Flugblätter;
5. *weltanschaul. Hintergrund:* Streben nach Humanität - entsprechend den Idealen der Antike - durch kirchl. (reformatio) und weltliche (rinascita) „Wiedergeburt"; „Zurück zu den Quellen"; Latein wird - vorübergehend - wieder Schriftsprache; Weltbejahung und Optimismus; Kampf gegen kirchl. und scholast. Bevormundung: der Humanismus wird damit zum Wegbereiter der Reformation;
6. *literar. Umsetzung:* teils humanist.-gelehrt: lateinisch verfaßte und nur für Gelehrte lesbare Traktate und Streitschriften; teils volkstümlich: Luther verwendet bei seiner Bibelübersetzung die Umgangssprache (z.T. mit markigen Worten) und findet weithin Gehör; damit wird eine grundlegende Erneuerung der dt. Schriftsprache eingeleitet; Massenproduktion an Schrifttum ab 1650;
7. *Themen:* Glaubensfragen; biblische Stoffe; soziale Mißstände; menschl. Schwächen;
8. *Lyrik:* die Kirchenlieder Luthers gelten als größte lyrische Leistung des Jh.s; Meistersang (pedantischer Formschematismus: Beckmesserei);
   Drama: neben dem Fastnachtsspiel entwickelt sich das Humanistendrama nach antikem Vorbild (Akt-Einteilung etc.); Schultheater als ständige Einrichtung in den Gymnasien; zum ersten Mal wird der Verfasser eines Dramas wichtig;
   Prosa: Fabeln, Novellen, Schwänke; konfessionelle Streit- und Flugschriften (*Dunkelmännerbriefe*); Schriftprosa ab dem 16. Jh. gleichberechtigt neben dem Vers;

Brant
Sebastian
1457-1521

Straßburger Professor und Stadtsyndikus; Vertreter des oberrheinischen Frühhumanismus; verfaßte juristische Arbeiten, dt. und lat. Gedichte (*Varia Carmina*); sein moralisch-satirisches Lehrgedicht *Das Narrenschiff* rief die lange Zeit beliebte Narrenliteratur ins Leben: In 112 Kapiteln läßt der Autor die als Narren personifizierten menschlichen Schwächen und Laster Revue passieren, wobei sie der christl. Sündenschelte oder der Lächerlichkeit preisgegeben werden; das volkstümliche Buch, dessen Illustrationen teilweise Albrecht Dürer zugeschrieben werden, wurde mehrfach in andere Sprachen übersetzt.

Erasmus von Rotterdam
1466 oder 1469-1536

Herausragender Vertreter des Humanismus; Theologe und weltbürgerl. Gelehrter (studierte in Frankreich, Italien und England, seit 1521 in Basel ansässig); in seinen lateinisch verfaßten Schriften kritisiert er Dünkel, Verlogenheit, scholastische Theologie und die Macht des Klerus; tritt für eine liberale und tolerante Diesseitsorientierung, für Frömmigkeit und Friedensliebe ein; *Handbüchlein des christlichen Streiters*: Selbsterkenntnis und Frömmigkeit als Waffen im Lebenskampf; *Über den freien Willen*: Gegensatz zu Luther; Abkehr von der Reformation; *Lob der Torheit*: ironisch-satir.; *Fürstenerziehung*: polit. Ethik.

Murner
Thomas
1475-1537

Elsässischer Priester (Franziskaner); gilt als bedeutendster Satiriker des 16. Jh.s: aggressiv, geistvoll, volkstümlich; mit seinen Verssatiren *Narrenbeschwörung*, *Schelmenzunft* und *Geuchmatt*, in denen er Laster, Torheit und Mißstände seiner Zeit scharf attackiert, setzt er die von Sebastian Brant eingeführte Narrenliteratur fort; engagierter Gegner Luthers und der Reformation: *Von dem grossen Lutherischen Narren, wie ihn doctor Murner beschworen hat* (verboten, M. mußte Straßburg verlassen); übersetzte Vergils *Aeneis*; 1505 von Maximilian I. zum Dichter gekrönt.

Luther
Martin
1483-1546

Augustinermönch aus Eisleben, Universitätsprofessor in Wittenberg; Initiator und treibende Kraft der Reformation; 1520/21 Kirchenbann und Reichsacht; 10 Monate „Schutzhaft" auf der Wartburg (Übersetzung des Neuen Testaments); 1525 Heirat mit einer ehem. Nonne; L.s literaturgeschichtliche Bedeutung liegt in der Vereinheitlichung der dt. Schriftsprache: L. will die religiöse Botschaft jedem direkt, ohne Vermittlung durch die Kirche, zugänglich machen - darum bedient er sich bei seiner Bibelübersetzung und in seinen Flugschriften einer Schreibweise, die überall verstanden wird: Er verbindet den verbreiteten sächsischen Kanzleistil mit Wortschatz und Syntax der Umgangssprache, wobei die Vielfalt der Dialekte ausgeglichen wird; *An den christlichen Adel deutscher Nation*; *Von der Freiheit eines Christenmenschen*; Predigten; Tischreden; Kirchenlieder (*Ein feste Burg ist unser Gott*).

Hutten
Ulrich von
1488-1523

Streitbarer Humanist aus fränkischem Rittergeschlecht mit stürmisch bewegtem Leben: studierte an verschiedenen dt. und ital. Universitäten; leidenschaftlicher Verfechter der Reformation, engagiert in privaten und polit. Auseinandersetzungen, später verfolgt; in seinen (in Lat., später in Dt. verfaßten) Streit- und Flugschriften sagt er dem Papst und der Kirche den Kampf an, sein Wahlspruch: „Ich hab's gewagt"; Mitverfasser der satir. *Dunkelmännerbriefe*: fingierte Briefe gegen die Anhänger der Scholastik; setzte sich für eine Reichsreform (starkes Kaiserreich) ein; Dialoge nach dem Muster Lukians (besonders wirkungsvoll: *Arminius*); 1517 von Maximilian I. zum Dichter gekrönt; wurde im 19. Jh. (Vormärz) als Symbolfigur für freiheitliches Denken und als Vorkämpfer für die nationale Einheit angesehen (Wartburgfest 1817).

Sachs
Hans
1494-1576

Nürnberger „Schuster und Poet dazu"; Meister des Knittelverses und bekanntester Vertreter bürgerl. Dichtung der „frühen Neuzeit" (1450-1650); setzte den Meistersang nach dem Vorbild von H. Rosenplüt (um 1400-1460) und H. Foltz (um 1440-1513) fort; verfaßte mehr als 4 000 Lieder sowie Reimreden und Spruchgedichte; große Bandbreite der Themen, oft von antiken, frz. oder engl. Vorlagen angeregt; Anhänger der Reformation: *Die Wittenbergisch Nachtigall*; *Dialoge*; sein Bemühen um volksliedhafte Natürlichkeit war aufgrund der starren meistersingerlichen

Formregeln von vornherein zum Scheitern verurteilt;
S. verfaßte auch 80 Fastnachtsspiele (*Das Narren-
schneiden*; *Der schwangere Bauer*) sowie 130 Komödien und Tragödien; durch Wagners Oper *Die Meistersinger von Nürnberg* ist S. bis heute populär geblie-
ben.

Fischart
Johann
1546-1590

Straßburger Schriftsteller und Jurist; vorrangiges
Anliegen: Unterstützung der Reformation im Kampf
gegen den Papst; verfaßte Moralsatiren in Vers und
Prosa mit vielen bissigen, z.T. skurrilen Einfällen:
Legende und Beschreibung des vierhörnigen Hütleins
(Jesuitenhut als Meisterwerk des Teufels); *Binenkorb
Deß Heyligen Römischen Imenschwarms*; sein Haupt-
werk ist eine Bearbeitung von Rabelais' *Gargantua*:
*Affentheurlich Naupengeheurliche Geschichtsklitte-
rung...* (Leben des sinnenfrohen Riesen, auf dt. Ver-
hältnisse übertragen; gegen Sittenverfall und Grobianismus).

Barock (1600-1720)

1. *Kurzcharakteristik / Ausgangspunkt:* Forderung nach verfeinerter Form der literar. Darstellung und nach einer einheitlichen dt. Schriftsprache (Opitz); die Bezeichnung Barock geht entweder auf den ital. Maler Barocci (um 1530-1612) oder auf den portugiesischen Ausdruck „barocca" für „schiefrunde Perle" zurück, die mit den Formen der Barockkunst in Zusammenhang gebracht wurde;
2. *histor. Hintergrund:* Glaubensspaltung und polit. Zerrissenheit; Dreißigjähriger Krieg (1618-1648); Absolutismus der Territorialstaaten;
3. *literar. Zentren:* Fürstenhöfe; bürgerl. Sprachgesellschaften: „Fruchtbringende Gesellschaft", Weimar; „Pegnitzschäfer", Nürnberg; „Königsberger Kreis" u.a.;
4. *wichtige Publikationsorgane:* -
5. *weltanschaul. Hintergrund:* pessimistisches Weltbild infolge der Kriegserlebnisse; extreme Todesangst („memento mori") wechselt schubweise mit ebenso leidenschaftlichem Lebensgenuß; anti-individualistisches Lebensverständnis; Trostsuche im Religiösen; Aufkommen der Gefühlsmystik;
6. *literar. Umsetzung:* Überbetonung des Formalen; gezierter, von späteren Epochen als schwülstig empfundener Stil; Höhepunkt: „Marinismus" (Überfeinerung und Gesuchtheit des Ausdrucks); moralische Belehrung; Vorliebe für Allegorien;
7. *Themen:* galant-höfische Historien und Liebesdichtung, häufig unter Verwendung antiker Bilder oder Allegorien; Derb-Volkstümliches dagegen in zahlreichen Schelmenromanen;
8. *Lyrik:* gesellige Lyrik zwecks Unterhaltung; formelhafte petrarkistische Liebeslyrik (sehnsuchtsvoll, entsagend); Schäferdichtung, Sinngedichte, Sonette, Epigramme; Kirchenlieder;
Drama: Illusion und Prachtentfaltung; Gryphius schafft barocken Tragödientypus; zentrales Thema: „vanitas" (Vergänglichkeit);
Prosa: Grimmelshausens *Simplizissimus* einziger weltliterarisch bedeutsamer Beitrag der dt. Barockliteratur.

1500　1600　1700　1800

60 70 80 90　10 20 30 40 50 60 70 80 90　10 20 30 40 50 60 70 80 90　10 20 30 40 50 60 70 80 90　10 20 30

Humanismus und Reformation

Brant

Erasmus von Rotterdam

Murner

Luther

Hutten

Sachs

Fischart

Barock

Spee von Langenfeld

Opitz

Logau

Fleming

Gryphius

Hofmannswaldau

Grimmelshausen

Aufklärung

Gottsched

Lessing

Lichtenberg

Jesuitischer Gymnasiallehrer und Professor für Moraltheologie in Köln; Prediger der Gegenreformation; Verf. geistl. Lieder und einer Schrift gegen die Hexenprozesse, die große Wirkung ausübte; gilt als bedeutendster religiöser Lyriker des frühen Barock; sein postum erschienener Band *Trutz-Nachtigal* enthält christl. Gedichte, z.T. in der Tradition petrarkistischer Schäferdichtung stehend, z.T. mystisch-erotisch aufgeladen (menschl. Seele als sehnsuchtsvolle Braut Christi); *Güldenes Tugend-Buch*: Andachts- und Erbauungsbuch; einige von S.s Kirchenliedern wurden von A. von Arnim und C. Brentano in *Des Knaben Wunderhorn* aufgenommen, manche werden noch heute gesungen.

Spee von Langenfeld
Friedrich
1591-1635

Schlesischer Dichter, prägende Gestalt der dt. Barockliteratur; im diplomatischen Dienst der schlesischen Herzöge sowie Polens und Schwedens, zuletzt in Danzig als Hofhistoriograph Wladislaws IV. von Polen; kämpfte als führendes Mitglied der „Fruchtbringenden Gesellschaft" gegen die Verwendung des Lateinischen und gegen Fremdwörter zugunsten einer umfassenden Spracherneuerung; in seinem - an Horaz' *Ars poetica* orientierten, bis ins 18. Jh. wirkenden - *Buch von der deutschen Poeterey* fordert er den Bruch mit der meistersingerlichen Dichtkunst (Silbenzählung) zugunsten eines gehobenen Stils mit natürlichen Wortbetonungen und alternierenden Hebungen und Senkungen; *Teutsche Poemata und Aristarchus Wider die verachtung Teutscher Sprach*: beispielhafte Gedichte im Sinne seiner Reform; Mahn- und Trostgedichte; *Daphne* (erster dt. Operntext); O. wurde 1625 von Kaiser Ferdinand II. zum Dichter gekrönt und 1629 in den Adelsstand erhoben (Opitz von Boberfeld).

Opitz
Martin (ab 1629
O. von Boberfeld)
1597-1639

Schlesischer Gutsbesitzer und herzoglicher Regierungsrat, Verf. zahlreicher satir. Epigramme auf die sozialen Zustände zur Zeit des Dreißigjährigen Krieges, auf Sittenlosigkeit, Nachahmung der frz. Kleidermode, Überfremdung der dt. Sprache; obwohl Mitglied der „Fruchtbringenden Gesellschaft", hält sich L. nicht streng an Martin Opitz' Sprach- und Versre-

Logau
Friedrich Freiherr von
1604-1655

geln; die volkstümliche Epigramm-Slg. *Deutscher Sinn-Getichte Drey Tausend* (mit 3 530 Spruchgedichten) ist z.T. von den lat. Epigrammen des Engländers John Owen angeregt; sie wurde 1753 von Lessing und Ramler neu herausgegeben; der Spruch „Und willst du weiße Lilien zu roten Rosen machen..." inspirierte Keller zu seinem Novellen-Zyklus *Das Sinngedicht*.

Fleming
Paul
1609-1640

Opitz-Schüler; bereits zu Lebzeiten anerkannter Lyriker; schrieb Liebes- und Trinklieder, Sonette, Epigramme und vor allem Oden nach dem Vorbild Petrarcas; seine Verse sind von natürlicher Frische, gewandt und liebenswert; *Teutsche Poemata* (postum herausgegeben; ein Teil der Gedichte sind Übss. lat., frz. oder ital. Vorlagen); F. verfaßte auch geistl. Lieder: *In allen meinen Thaten...*; 1631 durch Ferdinand II. zum kaiserlichen Poeta Laureatus gekrönt.

Gryphius
Andreas
(eigtl. A. Greif)
1616-1664

Schlesischer Dramatiker und Lyriker; Grundthema seiner Werke ist die Vergänglichkeit (vanitas); *Sonn- undt Feyrtags-Sonette*: Gebets- und Erbauungsliteratur; *Teutsche Reim-Gedichte*, darin *Kirchhofgedanken*: Fragen nach dem Heer der Toten beim Jüngsten Gericht; an den Dramen des Niederländers Joost van den Vondel (1587-1679) und am antiken Tragödientypus orientiert, schuf er mit *Leo Armenius* das erste dt. Drama im hochbarocken Sprachstil; Märtyrerdramen; Schimpf- und Scherzspiele, z.B. *Horrobilicribrifax*.

Hofmannswaldau
Christian Hofmann
von
1617-1679

Kaiserl. Rat und galanter Liebeslyriker aus Breslau; von Martin Opitz und dem ital. Dichter G. Marino (Marinismus) beeinflußt; verfaßte Oden, Epigramme und Lieder, in denen er unter Verwendung konventioneller Topoi und Metaphern erotische Visionen von revolutionärer Kühnheit gestaltet; in seinem postum erschienenen, in Alexandrinern abgefaßten Hauptwerk *Helden-Briefe* setzt sich die sexuelle Leidenschaft über jede gesellschaftl. Norm hinweg; erst durch die (ebenfalls postum herausgegebene) Slg. *Herrn von Hofmannswaldau und andrer Deutschen auserlesene und bisher ungedruckte Gedichte* wurde H. einer brei-

ten Öffentlichkeit bekannt; während er im 17. Jh.
- zus. mit A. Gryphius und D.C. von Lohenstein
(1635-1683) - als überragender Dichter gewürdigt
wurde, lehnte ihn bereits das 18. Jh. als schwülstig
und obszön ab.

Grimmelshausen
Johann Jakob
Christoffel von
1621/22-1676

Stammt aus Gelnhausen (Hessen); schon als Knabe
bei den Soldaten, später Regimentsschreiber; nach
Kriegsende Burgvogt, Gastwirt, Schultheiß; zum
kath. Glauben konvertiert; Verf. des (unter Pseud-
onym erschienenen) Romans *Der Abentheuerliche
Simplicissimus Teutsch*: z.T. autobiogr. Erz. über die
Lebensgeschichte eines Bauernjungen in der Zeit des
Dreißigjährigen Krieges (5 Bde.); Darstellung nach
Art des span. picarischen Romans: Der jugendliche
Held wird vom Schicksal hin- und hergerissen, kommt
zu Ansehen, Reichtum und erotischen Abenteuern,
erfährt aber auch Enttäuschungen, Krankheit und
Leid; zuletzt zieht er sich als Einsiedler zurück. Das
Werk gilt als bedeutendster Roman des 17. Jh.s; auf-
grund des großen Erfolges verfaßte G. einen zusätz-
lichen 6. Band, *Continuatio* (S.s Pilgerfahrt zum Heiligen Land) sowie weitere „Simplizianische Schriften":
Trutz Simplex; *Der seltzame Springinsfeld*; *Das wun-
derbarliche Vogel-Nest* u.a.

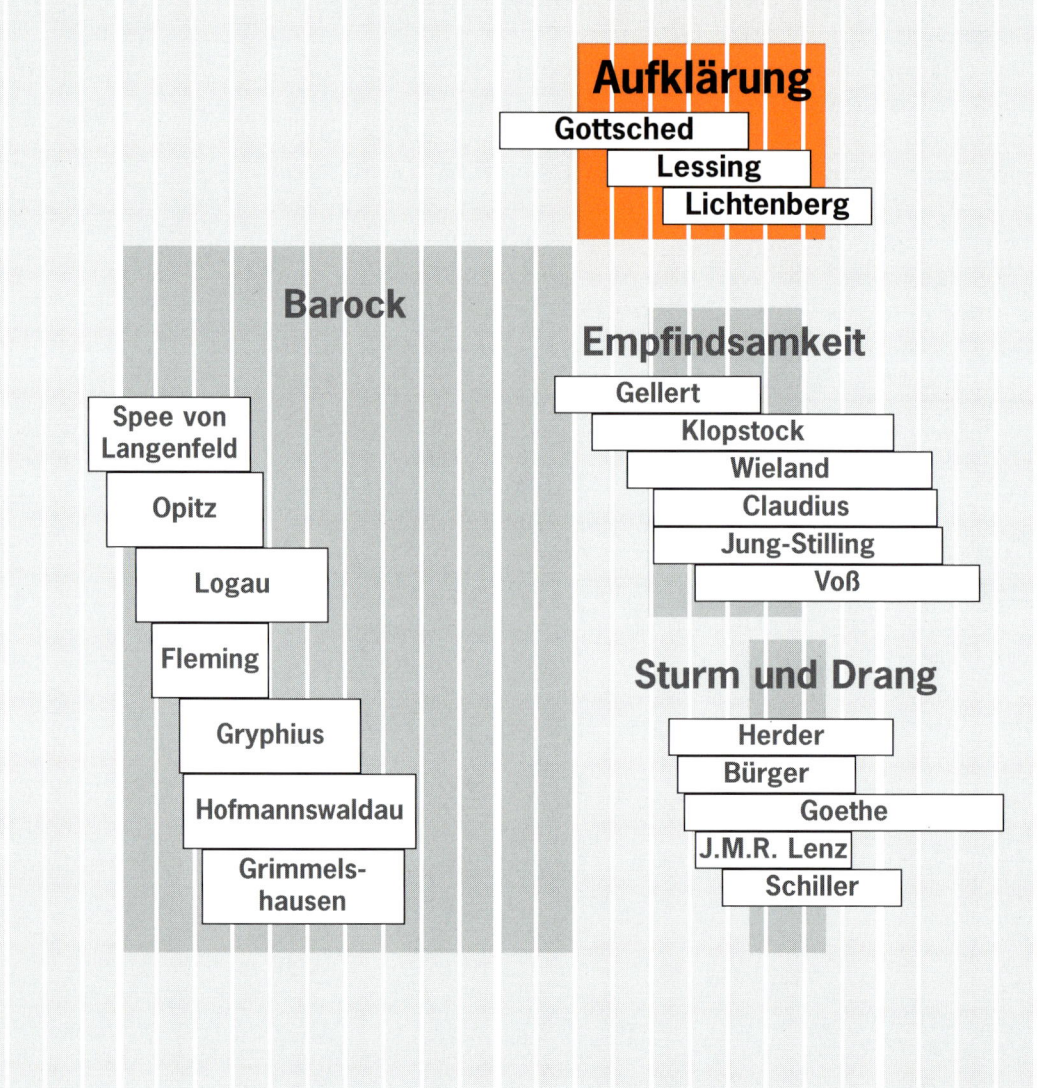

1600   **1700**   **1800**

70 80 90 10 20 30 40 50 60 70 80 90 10 20 30 40 50 60 70 80 90 10 20 30 40

Aufklärung

Gottsched

Lessing

Lichtenberg

Barock

Empfindsamkeit

Gellert

Klopstock

Wieland

Claudius

Jung-Stilling

Voß

Spee von Langenfeld

Opitz

Logau

Fleming

Gryphius

Hofmannswaldau

Grimmelshausen

Sturm und Drang

Herder

Bürger

Goethe

J.M.R. Lenz

Schiller

Aufklärung (1720-1785)

1. *Kurzcharakteristik / Ausgangspunkt:* Besinnung auf die kritische Vernunft anstelle tradierter religiöser Vorstellungen und Maximen; starker Einfluß aus England und Frankreich (Locke, Voltaire); „Ausgang des Menschen aus seiner selbstverschuldeten Unmündigkeit" (Kant);
2. *histor. Hintergrund:* Siebenjähriger Krieg zwischen Preußen und Österreich (1756-1763); Aufstieg Preußens zur Großmacht;
3. *literar. Zentren:* Leipzig, Hamburg, Zürich, Berlin;
4. *wichtige Publikationsorgane:* Erste dt. moralische Wochenschrift nach engl. Vorbild: „Der Vernünftler"; weiterhin: „Der Teutsche Merkur", „Belustigungen des Verstandes und Witzes" u.a.;
5. *philos. Hintergrund:* Transzendentalphilosophie Kants; bürgerl.-weltliches Lebenskonzept; Ideal der Aufgeschlossenheit und der Toleranz: Überwindung nationaler, sozialer und konfessioneller Gegensätze;
6. *literar. Umsetzung:* Kunst soll nützen und Vergnügen bereiten; Einfachheit im Stil bevorzugt; Vermittlung bürgerl. Tugenden;
7. *Themen:* der vernunftgemäß handelnde Mensch; Bändigung der Triebe durch Ratio;
8. *Lyrik:* Lehrgedichte und Fabeln;
   Drama: durch Gottsched erneuert: klassische Form (Einheit von Zeit, Ort und Handlung) ohne volkstümliche Elemente; Begründung des bürgerl. Trauerspiels durch Lessing;
   Prosa: humoristisch-satir. Sittenromane (Cervantes' *Don Quijote* als Vorbild).

Gottsched
Johann Christoph
1700-1766

Ostpreußischer Professor für Poetik, Logik und Metaphysik; führender Kopf der dt. Frühaufklärung; als Leiter der „Deutschübenden Poetischen Gesellschaft" in Leipzig wurde er der Spracherzieher und Erneuerer der dt. Poetik; *Grundlegung einer deutschen Sprachkunst*: dt. Grammatik kodifiziert gegen barocken „Schwulst" und Mundarten; in seinem bahnbrechenden Lehrbuch *Versuch einer Critischen Dichtkunst vor die Deutschen* stellt er (antibarocke, klassizistische) Richtlinien für die verschiedenen Gattungen der Dichtkunst auf: Naturnachahmung, klarer, natürlicher Stil (anläßlich der Problematik des Wunderbaren späterer Streit mit Bodmer und Breitinger); Verzicht auf Dialekt, Propagierung einer nützlichen moralischen Wahrheit; im Drama: Wahrung der Einheit von Zeit, Ort und Handlung; Ablehnung von Monologen, der Figur des Hanswursts; einzige Muster-Tragödie von G.: *Der sterbende Cato* (in gereimten Alexandrinern abgefaßt).

Lessing
Gotthold Ephraim
1729-1781

Aus Sachsen stammender Redakteur, Literatur- und Theaterkritiker, Dramaturg und Bibliothekar; herausragender Vertreter der Aufklärung; führt das bürgerl. Schauspiel in Dtl. ein: *Miß Sara Sampson* (Überwindung der klassischen Zuordnung von tragischem Inhalt zu *adeligem* Helden); in seinen *Briefen, die neueste deutsche Literatur betreffend* wie in seiner *Hamburger Dramaturgie* (Theaterkritiken) entwickelt er - gegen Gottsched - eine neue Dramentheorie: Glaubwürdigkeit der Handlung und Natürlichkeit der Charaktere vorrangig, Einheit von Zeit, Ort und Handlung *nicht* erforderlich, Ablehnung des frz. Dramas und Hinwendung zu Shakespeare (Wegbereitung für den Sturm und Drang); weitere berühmte Dramen: *Emilia Galotti, Nathan der Weise, Minna von Barnhelm* (Lustspiel); ästhet.-philos. Schriften: *Die Erziehung des Menschengeschlechts* u.a.

Lichtenberg
Georg Christoph
1742-1799

Mathematik- und Physik-Professor in Göttingen; erster dt. Aphoristiker; die in seinen Tagebüchern (*Sudelbücher*) aufgezeichneten Notizen und satir. Aufsätze erschienen z.T. in dem von ihm herausgegebenen *Göttinger Taschen Calender*, vor allem aber in den po-

stum veröffentlichten *Vermischten Schriften* (9 Bde.);
sie zeigen ihn als scharfsinnigen Beobachter, Skepti-
ker und Moralisten (Einfluß von Swift, Fielding und
Sterne); mit Witz und Ironie wendet er sich gegen
Mißstände in Politik, Gesellschaft, Pädagogik und
Literatur; Pathos lehnt er ebenso ab wie den Geniekult des Sturm und Drang; *Briefe aus England*; *Aus-
führliche Erklärung der Hogarthischen Kupferstiche*
(engl. Karikaturist); bei physikalischen Experimen-
ten entdeckte L. die nach ihm benannten „Lichten-
berg-Figuren": Urprinzip des xerograph. Kopierver-
fahrens.

1700   **1800**   **1900**

60 70 80 90   10 20 30 40 50 60 70 80 90   10 20 30 40 50 60 70 80 90   10 20 30

Aufklärung

| Gottsched |
| Lessing |
| Lichtenberg |

Empfindsamkeit

| Gellert |
| Klopstock |
| Wieland |
| Claudius |
| Jung-Stilling |
| Voß |

Sturm und Drang

| Herder |
| Bürger |
| Goethe |
| J.M.R. Lenz |
| Schiller |

Empfindsamkeit (1740-1780)

1. *Kurzcharakteristik / Ausgangspunkt:* literar. Strömung innerhalb der Aufklärung: gegen einseitige Betonung von Intellekt und Ratio; Wiederentdeckung des Gefühls als Maßstab allen Handelns; engl. Einfluß: Richardson, E. Young; Bezeichnung geht auf den Vorschlag Lessings für die Übersetzung von Sternes *Sentimental Journey* zurück;
2. *histor. Hintergrund:* s. Aufklärung;
3. *literar. Zentren:* „Hainbund" (Göttinger Dichterkreis); Darmstädter Kreis;
4. *wichtige Publikationsorgane:* „Göttinger Musenalmanach"; „Der Wandsbecker Bothe";
5. *weltanschaul. Hintergrund:* erste - gemäßigte - Reaktion auf die das Jh. beherrschende aufklärerische Erziehungsarbeit zu einem rein rationalen Handeln (die zweite, heftigere: Sturm und Drang); Weltschmerz; religiöse Verinnerlichung (Pietismus);
6. *literar. Umsetzung:* Erbauungsliteratur, schwärmerische Naturschilderungen; Klopstocks monumentales Epos *Der Messias* (erstes großes Epos nach dem MA) gilt als Höhepunkt der Empfindsamkeit; als später Ausläufer des Barock verfolgt das Rokoko eine besondere Stilrichtung: das Anmutige, Frivole;
7. *Themen:* Stimmungen und Gefühle; Freundschaft und Liebe;
8. *Lyrik:* anakreontisch (Liebe, Lebensfreude); heitere Idyllen und wehmütige Elegien; Oden und Hymnen; Kirchenlieder;
   Drama: Schäferspiele und „weinerliche Lustspiele" nach dem Vorbild der frz. „comédies larmoyantes";
   Prosa: (fiktionale) Autobiographien; Erzählungen; Reiseromane (mit „sentimentaler" Teilnahme an alltäglichen Dingen); Essays in Zeitschriften; Beginn des Bildungs- und Erziehungsromans mit Wielands *Agathon.*

Gellert
Christian Fürchtegott
1715-1769

Professor für Poesie, Eloquenz und Moral in Leipzig; wurde durch seine Fabeln und Erzählungen zum volkstümlichsten Dichter der Aufklärung; seine schlichten Versgeschichten nach dem Vorbild Äsops, Swifts und Lafontaines verbinden die bürgerl. Moralvorstellungen mit Humor und entsprechen dem aufklärerischen Bedürfnis nach unterhaltender Belehrung; Rührstücke nach Art der frz. comédie larmoyante: *Die Betschwestern*; *Die zärtlichen Schwestern*; sentimentaler, z.T. pietistisch eingefärbter Familienroman *Das Leben der schwedischen Gräfin von G…*; geistl. Oden und Lieder (z.T. von Beethoven vertont).

Klopstock
Friedrich Gottlieb
1724-1803

Hauslehrer und später „freier Autor" aus Quedlinburg; Verfasser des ersten großen Epos nach dem MA, an dem er 33 Jahre arbeitete, *Der Messias*: Martyrium Jesu, Wunder der Auferstehung, Vision vom Jüngsten Tag; die experimentelle Sprachartistik des in Hexametern geschriebenen Werkes gilt als epochemachend; in seinen Oden thematisiert er Freundschaft, Liebe, Natur, Gott, Freiheit, Vaterland; er geht darin von antiken Versmaßen zu freien Rhythmen über und entwickelt eine eigene „moderne" Dichtersprache: *Der Zürchersee*, *Die Frühlingsfeier*, *Der Eislauf*; vaterländische Weihespiele („Bardiete"): *Hermanns Schlacht* (Verherrlichung des germanischen Helden); *Die deutsche Gelehrtenrepublik*: theoret. Prosawerk (fragm.); K. war gefeiertes Vorbild für den Göttinger Hainbund.

Wieland
Christoph Martin
1733-1813

Schwäbischer Hauslehrer, Kanzleidirektor, Philosophie-Professor; bereits zu Lebzeiten vielgelesener Erzähler mit elegantem Stil; seine an frz., engl. und antiker Literatur orientierten frivolen bis schlüpfrigen Darstellungen wurden vom Hainbund bekämpft; *Geschichte des Agathon*, erster großer Erziehungs- und Bildungsroman in Dtl.: Entwicklung eines schwärmerischen Griechen, der durch schicksalhafte Erlebnisse als Feldherr, Seeräuber, Sklave etc. zu wahrer Menschlichkeit heranreift: Humanität, geistige Freiheit, Harmonie von Sinnlichkeit und Vernunft; *Die Abderiten*: lockere Reihung ironischer Geschichten analog dem (1598 anonym in Straßburg erschienenen), Volksbuch *Die Schildbürger*, in denen das Spießbürgertum bloßgestellt wird; Verserzählungen *Oberon* (Oper von C.M. von Weber) und *Musarion*; *Alceste*: Singspiel nach Euripides, Thema ist die Gattenliebe.

Claudius
Matthias
1740-1815

Bankrevisor aus Reinfeld in Holstein; Herausgeber des (viermal pro Woche erscheinenden) „Wandsbecker Bothen", den er durch seine Beiträge berühmt machte: volkstümliche Gedichte, Übersetzungen, Abhandlungen und Briefe; als Klopstock-Verehrer und aufgrund seiner religiösen und polit. Anschauungen stand er dem Göttinger Hainbund nahe; Verf. schlichter, liedhafter Verse: *Der Mond ist aufgegangen* u.a.

Jung-Stilling
Johann Heinrich
(eigtl. J.H. Jung)
1740-1817

Schriftsteller und Arzt aus Grund (nahe Siegen/Nordrhein-Westfalen), dessen literar. Bedeutung in seiner mehrteiligen Autobiographie liegt: *Heinrich Stillings Jugend, Jünglingsjahre, Wanderschaft, Häusliches Leben, Lehrjahre, Rückblick und Alter*; Stationen des begabten und bildungseifrigen Titelhelden: dörfliches Leben in pietistischer Frömmigkeit, Schneidergeselle, Hauslehrer, Medizinstudent in Straßburg (wo er Goethe kennenlernt), Augenarzt, Professor für Staatswissenschaft, kurfürstlicher Hofrat, freier Schriftsteller; Schilderung eines bescheidenen Lebens in tiefer (pietistischer) Gläubigkeit; J.-St.s Werk übte auf die Erweckungsbewegungen großen Einfluß aus.

Voß
Johann Heinrich
1751-1826

Rektor in Otterndorf bzw. Eutin, später Privatgelehrter; Mitbegründer des Göttinger Hainbundes; von Klopstock beeinflußter Lyriker; seine Lieder, Oden und genrebildartigen Idyllen (z.T. in niederdt. Mundart) erschienen meist im „Hamburger Musenalmanach" bzw. im „Teutschen Merkur"; die in Hexametern abgefaßte Idylle *Luise* regte Goethe zu seinem Epos *Hermann und Dorothea* an; Voß' größte Leistung liegt in seiner genialen Übersetzung von Homers *Ilias* und *Odyssee* in Hexametern.

1700   **1800**   **1900**

0 60 70 80 90   10 20 30 40 50 60 70 80 90   10 20 30 40 50 60 70 80 90   10 20 30

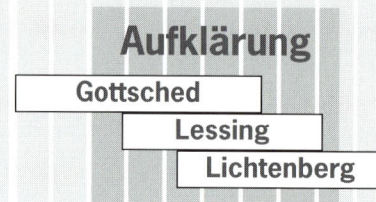

Aufklärung

Gottsched

Lessing

Lichtenberg

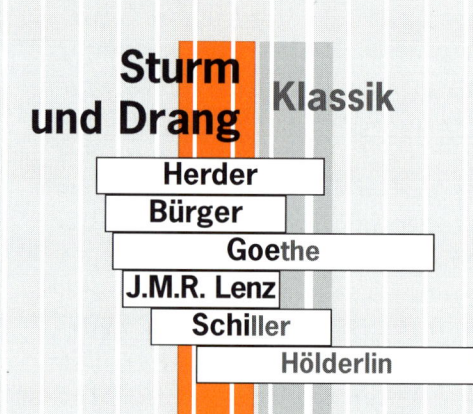

Sturm und Drang   **Klassik**

Herder

Bürger

Goethe

J.M.R. Lenz

Schiller

Hölderlin

Sturm und Drang / Geniezeit (1767-1785)

1. *Kurzcharakteristik / Ausgangspunkt:* Zweite, radikalere Gegenbewegung zur Aufklärung; Wegbereitung durch Herder (*Fragmente*) und dessen Treffen mit Goethe 1770 in Straßburg; Einfluß von Rousseau („Zurück zur Natur") und Shakespeare; Bezeichnung nach dem Titel eines Schauspiels von Maximilian Klinger;
2. *histor. Hintergrund:* aristokratische Gesellschaftsstruktur im Gegensatz zum erstarkten bürgerl. Selbstbewußtsein;
3. *literar. Zentren:* Südwestdeutschland
4. *wichtige Zeitschriften:* „Frankfurter gelehrten Anzeigen", „Deutsche Chronik";
5. *weltanschaul. Hintergrund:* der von der Aufklärung geforderten Dominanz der Vernunft wird das Gefühl, der allgemeinen Regel wird das Individuum entgegengesetzt, vor allem als kraftvolles „Originalgenie": Geniekult;
6. *literar. Umsetzung:* hauptsächlich im Drama als Aufruf zur Änderung der sittlichen und sozialen Zustände;
7. *Themen:* Kampf um polit. Freiheit und Selbstverwirklichung des einzelnen, Widerstreit zwischen Sinnlichkeit und Sittlichkeit, dem „natürlichen" und dem „kulturell" geprägten Menschen; Familien- und Gesellschaftskonflikte;
8. *Lyrik:* Balladen, Erlebnislyrik, Volkslieder;
Drama: Tragödien als bevorzugte Dramenform;
Prosa: Etablierung des bürgerl. Romans; erstes Kultwerk der dt. Prosaliteratur: Goethes *Die Leiden des jungen Werthers* (weltweite Nachahmungen).

Herder
Johann Gottfried
1744-1803

Ostpreußischer Lehrer und Geistlicher; glänzender Essayist und entscheidender Wegbereiter des Sturm und Drang; Einfluß auf Goethe; *Fragmente: Über die neuere deutsche Literatur*: gegen Nachahmung fremder, insbesondere antiker Dichtung; Rückkehr zu natürlicher Sprache; *Kritische Wälder*: über Fragen der bildenden und der Dichtkunst; Beiträge zur Aufsatz-Slg. *Von deutscher Art und Kunst*; *Über den Ursprung der Sprache*: deren Entwicklung als Teil eines progressiven Gesellschaftsprozesses, je nach klimatischen, geographischen und sozialen Gegebenheiten; zusammenfassendes Hauptwerk: *Ideen zur Philosophie der Geschichte der Menschheit*: Darstellung der Geschichte asiatischer und europäischer Völker; die gesamte Natur wird als sich stufenweise vervollkommnender Organismus betrachtet, der den Geist Gottes offenbart; Slgg. internationaler *Volkslieder* (unter Mitarbeit von Goethe, Lessing u.a.); H. prägte den Begriff „Volkslied" und regte mit seinen Übersetzungen weitere Slgg. an, z.B. *Des Knaben Wunderhorn*.

Bürger
Gottfried August
1747-1794

Justizamtmann, später a.o. Professor der Ästhetik in Göttingen; Lyriker, Mitglied des Hainbundes, Goethe-Verehrer; vor allem durch seine Ballade *Lenore* bekannt: Ein im Krieg gefallener Soldat erscheint seiner trauernden Geliebten als gespenstischer Reiter und nimmt sie mit ins Totenreich; die effektvoll geschilderte Geisterstimmung bewirkte ein Aufblühen der Kunstballade in ganz Europa; B.s spätere Gedichte wurden von Schiller vernichtend rezensiert: Popularität ist für Schiller im Gegensatz zu Bürger nicht bereits das „Siegel der Vollkommenheit", der Dichter müsse vielmehr der „verfeinerte Wortführer" der Volksgefühle sein; volkstümlich wurde B. durch seine Rück-Übs. der von R.E. Raspe (1737-1794) ins Englische übertragenen Münchhausen-Geschichten, denen er insgesamt vierzehn selbsterfundene Geschichten hinzufügte: *Wunderbare Reisen...des Freiherrn von Münchhausen*.

Aus Frankfurt gebürtiger Lyriker, Dramatiker und Romancier; sein dramat. Schaffen beginnt mit dem Schauspiel *Götz von Berlichingen*, in dessen Titelfigur das urwüchsige Kraft- und Freiheitsideal des Sturm und Drang zum ersten Mal Gestalt annimmt; neue, an Shakespeare entwickelte Form des Dramas: lockere Bilderfolge, viel Handlung; G.s literar. Weltruhm wird durch den empfindsamen und naturschwärmerischen Briefroman *Die Leiden des jungen Werthers* begründet: gesteigerte Liebessehnsucht endet im Selbstmord; erneute Darstellung der Liebesthematik in den Dramen *Clavigo* und *Stella*: Anspruch des genialen Menschen auf Ausnahmestellung im Sittlichen; Erlebnislyrik: Sesenheimer Lieder (an Friederike Brion): *Willkommen und Abschied*; Gedichte zum Genie-Thema: *Prometheus, Wanderers Sturmlied, Ganymed, Mahomeds Gesang*; Balladen: *Der König in Thule* u.a.; s. auch unter Klassik.

Goethe
Johann Wolfgang
(ab 1782 von G.)
1749-1832

Pastorensohn aus Livland, der sich in Straßburg den Sturm-und-Drang-Schriftstellern anschloß; von Goethe gefördert, neben dem er zeitweise als zweiter „deutscher Shakespeare" verehrt wurde; zentrales Thema - wie für den Sturm und Drang generell - die Bändigung des (grundsätzlich bejahten) Sexualtriebs; seine sozialkritischen Dramen sind als Komödien angelegt, basieren jedoch auf tragischen Situationen; *Der Hofmeister oder Vorteile der Privaterziehung*: Gedemütigter Hauslehrer verführt die Tochter seines arroganten adeligen Arbeitgebers, später bereut er seine Tat und entmannt sich; auch in seinen weiteren Dramen (*Die Soldaten* u.a.) ist L. Vorläufer eines realistischen Theaters; seine *Anmerkungen übers Theater* treten für ein nichtaristotelisch, also „offen" konzipiertes Drama ein; L. schrieb auch Gedichte, Erzählungen, diverse Abhandlungen und einen Briefroman; seine Ideen zur Reform der Moralvorstellungen (*Über die Soldatenehen*) stießen auf Ablehnung; 1776 wurde er (auf Verlangen Goethes) in Weimar des Hofes verwiesen; danach konnte er nirgends mehr Fuß fassen und verfiel einem fortschreitenden Wahnsinn (Georg Büchner zeichnete den Ausbruch der Krankheit in der Novelle *Lenz* nach); 1792 fand

Lenz
Jakob Michael
Reinhold
1751-1792

man ihn in Moskau tot auf der Straße; sein Werk wurde bis etwa 1900 vergessen.

Schiller
Johann Christoph
Friedrich
(ab 1802 von Sch.)
1759-1805

Dramatiker, Historiker und Philosoph aus Marbach am Neckar; führt den Sturm und Drang mit seinem Schauspiel *Die Räuber* auf einen weiteren Höhepunkt: glühendes Verlangen nach Freiheit, Tat und Größe lassen den Helden Karl zum Rebellen gegen die gesellschaftl. Ordnung, zum „edlen Verbrecher" werden; auch in Sch.s. Trauerspiel *Die Verschwörung des Fiesco zu Genua* geht es um Befreiung von der Tyrannei, um den Machtanspruch und das Scheitern eines kraftvollen Tatmenschen; im „bürgerlichen Trauerspiel" *Kabale und Liebe* wird die Standesschranke zwischen Adel und Bürgertum zum tragischen Verhängnis für zwei Liebende (Einfluß von Lessings *Emilia Galotti*); die frühe Lyrik Sch.s, in seiner *Anthologie auf das Jahr 1782* zusammengestellt, zeigt seine Entwicklung vom Klopstockianer zum Stürmer und Dränger; s. auch unter Klassik.

Klassik (1786-1805)

1. *Kurzcharakteristik / Ausgangspunkt:* Synthese aus der Aufklärung und ihren Gegenströmungen (Empfindsamkeit bzw. Sturm und Drang); Goethes ital. Reise als Auslöser; Einfluß von Winckelmanns ästhet. Betrachtungen;
2. *histor. Hintergrund:* polit. Erschütterungen durch die frz. Revolution und die Feldzüge Napoleons;
3. *literar. Zentren:* Weimar („Weimarer Klassik");
4. *wichtige Zeitschriften:* „Rheinische Thalia" / "Neue Thalia"; „Die Horen"; „Die Propyläen"; „Journal des Luxus und der Moden";
5. *weltanschaul. Hintergrund:* Rückbesinnung auf philos. und ästhet. Ideale der griech. Antike: Maß und Mitte, „edle Einfalt und stille Größe";
6. *literar. Umsetzung:* bürgerl. Bildungsstreben; Humanität und Diesseitigkeit; Harmonie von Gemüt und Verstand;
7. *Themen:* der das Gute, Wahre, Schöne erstrebende Mensch im Kampf mit inneren und äußeren Gegenkräften (seelischen Abgründen, feindlicher Umwelt);
8. in allen literar. Gattungen Bemühen um die mustergültige, vollendete Form:
   Lyrik: lehnt sich z.T. an antike Metren an; Balladen; Gedankenlyrik (Schiller);
   Drama: histor. Dramenstoffe in klassisch-strenger Form (5 Akte etc.);
   Prosa: Beginn des dt. Bildungsromans.

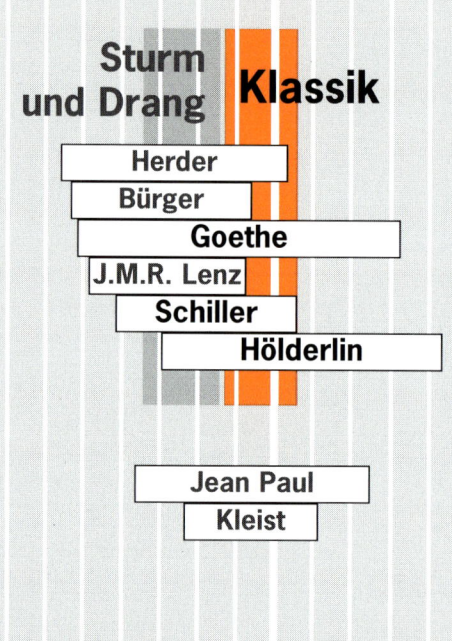

1700   1800   1900

0 60 70 80 90   10 20 30 40 50 60 70 80 90   10 20 30 40 50 60 70 80 90   10 20 30

Sturm und Drang   **Klassik**

Herder

Bürger

Goethe

J.M.R. Lenz

Schiller

Hölderlin

Jean Paul

Kleist

Geheimer Rat am Weimarer Fürstenhof, prägende Gestalt der Epoche (zusammen mit F. Schiller); mit G.s erster ital. Reise datiert man den Beginn der „Weimarer Klassik": bürgerl.-pragmatische Weltsicht, Humanitätsideal vor dem Hintergrund eines apollinischen Griechenbildes (Maßhalten und Harmonie des Guten, Wahren, Schönen); *Iphigenie auf Tauris* gilt neben Lessings *Nathan der Weise* als Muster eines Humanitätsdramas; Schauspiel *Torquato Tasso*: tragischer Konflikt des sensiblen Dichters mit einer unverständigen Umwelt; G.s Hauptwerk, die Tragödie *Faust*, geht auf ein Volksbuch aus dem 16. Jh. zurück: in maßlosem Streben nach höchster Erkenntnis und Glückserfüllung verschreibt der Protagonist seine Seele dem Teufel; er wird in Schuld verstrickt (Gretchen-Tragödie); nach seiner Läuterung erfährt er das ersehnte Glück: im tätigen Dienst an der Menschheit; das Werk, dessen 2. Teil erst kurz vor G.s Tod vollendet wurde, gehört zu den bedeutendsten literar. Leistungen in dt. Sprache und wurde weltbekannt; weitere Werke: *Hermann und Dorothea*, Epos in Hexametern, das die Behaglichkeit eines bürgerl. Gemeinwesens porträtiert; *Wilhelm Meisters Lehrjahre* gilt als Muster eines Erziehungsromans: Das Theaterwesen als - vorübergehende - Bildungserfahrung des Protagonisten führt ihn zu der Erkenntnis, daß das Lebensideal in der Selbstbeschränkung zugunsten der Gemeinschaft liegen muß; Fortsetzung: *Wilhelm Meisters Wanderjahre*; nach Schillers Tod (1805) schrittweise Modifikation und Lockerung der „klassischen" Kunstauffassung hin zu einem alle Möglichkeiten ausschöpfenden Altersstil, Hauptthema: Entsagung; *Die Wahlverwandtschaften*: Liebes- und Eheroman; *Aus meinem Leben. Dichtung und Wahrheit*: Autobiographie bis zur Abreise nach Weimar 1775; Aphorismen; *Farbenlehre*; Lyrik: Die *Römischen Elegien* setzen Erfahrungen aus G.s Italienaufenthalt um: die Schönheit Roms, die Sinnlichkeit der Geliebten; Epigramme (zus. mit Schiller): *Xenien*; Balladen (im Wettstreit mit Schiller): *Der Erlkönig*; *West-östlicher Diwan*: Anverwandlung orientalischer Lyrik; s. auch unter Sturm und Drang.

Schiller

Johann Christoph
Friedrich
(ab 1802 von Sch.)
1759-1805

Neben Goethe die zweite prägende Gestalt der Epoche; vertritt einen vernunftgesteuerten Idealismus in kritischer Auseinandersetzung mit der Philosophie Kants, seine Abhandlung *Über die ästhetische Erziehung des Menschen* gilt als pädagogische Programmschrift der dt. Klassik: Kunst als Mittel, Geistiges und Sinnliches zu versöhnen; *Über Anmut und Würde*: Anmut ist der Ausdruck einer „schönen Seele", Würde derjenige einer erhabenen Gesinnung; *Über naive und sentimentalische Dichtung*: exemplarische Darstellung zweier Dichtertypen im Hinblick auf Goethe und sich selbst; Sch.s langjährige historische Studien finden einen Niederschlag in der umfangreichen *Geschichte des Dreißigjährigen Krieges*; auch seine Dramen haben fast alle einen histor. Hintergrund: *Wallenstein*, Trilogie über Hybris und Fall des mächtigen Feldherrn während des Dreißigjährigen Krieges: *Wallenstein Lager*, *Die Piccolomini*, *Wallensteins Tod*; *Don Carlos*: Generations- und Liebesproblem vor dem Hintergrund der niederländischen Freiheitsbestrebungen gegen die span. Herrschaft (Oper von Verdi); *Maria Stuart*: Titelheldin läutert sich angesichts des ungerechten Todesurteils zur „schönen Seele"; *Wilhelm Tell*: Tyrannenmörder als Freiheitsheld; *Die Jungfrau von Orleans*: Kämpferin in göttlichem Auftrag wird durch menschl. Liebe zur Märtyrerin; Gedichte: *Das Lied von der Glocke*, *Die Götter Griechenlands*; Balladen: *Der Ring des Polykrates*, *Die Kraniche des Ibykus*, *Der Handschuh*, *Der Taucher*; in Sch.s Gedankenlyrik werden Aspekte seiner philos. Schriften bildhaft umgesetzt: *Teilung der Erde*, *Pegasus im Joche*, *Würde der Frauen*, *Die Künstler*, *Das Ideal und das Leben*; mit Sch.s Tod datiert man des Ende der Weimarer Klassik.

Hölderlin

Johann Christian
Friedrich
1770-1843

Hauslehrer und schwärmerischer Lyriker aus Schwaben; glühender Verehrer von inhaltlichen wie formalen Aspekten der griech. Antike - und von Susette Gontard („Diotima"); autobiographisch beeinflußter Briefroman *Hyperion*: schwärmerischer Grieche ersehnt die Wiedergeburt des alten Hellas; durch eine heroische Tat will er den Idealen der Antike folgen, zumal ihn die Liebe zu seiner Braut Diotima dazu beflügelt; er beteiligt sich an einem Aufstand gegen die Türken, aber das Vorhaben scheitert; enttäuscht zieht er sich in die Einsamkeit zurück. Fragm. Trauerspiel *Der Tod des Empedokles*: Freitod im Ätna; pathetisch-antikisierende Hymnen und Elegien: *Diotima, Ganymed, Der Archipelagos, Die Heimat, Der Rhein, Brot und Wein*; berühmte Gedichte: *Hälfte des Lebens, Hyperions Schicksalslied*; H.s Werk stand stets im Schatten Goethes und Schillers; auf Anerkennung wartete er vergebens; sein Schaffen endete 1805 in geistiger Umnachtung; schon während seiner letzten Lebensjahrzehnte im Tübinger „Hölderlinturm" avancierte er - z.B. für den jungen Mörike - zur Kultfigur; seine literar. Bedeutung wurde erst im 20. Jh. erkannt.

Klassik

Goethe

Schiller

Hölderlin

Jean Paul

Kleist

Romantik

A. W. Schlegel

F. Schlegel

Novalis

Wackenr.

Tieck

E.T.A. Hoffmann

Brentano

Arnim

J. Grimm

W. Grimm

Uhland

Eichendorff

Autoren zwischen Klassik und Romantik

Oberfränkischer Lehrer und Romancier, dessen Texte auf humorvolle Weise meist schrullige Käuze und Sonderlinge in den Mittelpunkt der Darstellung rücken; zahllose Abschweifungen, Anspielungen und Nebenhandlungen (Einfluß von Sterne) stellen hohe Anforderungen an den Leser; *Titan*: Bildungsroman; *Das Leben des vergnüglichen Schulmeisterlein Maria Wuz...*; *Siebenkäs*; *Leben des Quintus Fixlein*: idyllische Selbstbescheidung; *Flegeljahre*: Bildungsroman, Vermittlung zwischen Poesie und Wirklichkeit; theoret. Schrift *Vorschule der Ästhetik*: Wesen des Humors; J.P. wurde mit dem Roman *Hesperus* zu einem der berühmtesten Schriftsteller seiner Zeit.

Jean Paul
(= Johann Paul
Friedrich Richter)
1763-1825

Bühnenwirksamer Dramatiker aus Frankfurt/Oder; thematisiert tragische Situationen, die durch Gefühlsverwirrungen und mitunter durch spontan-instinktives Handeln heraufbeschworen werden; Schauspiele: *Prinz Friedrich von Homburg*: träumerisch-eigenwillig handelnder Kriegsheld im Konflikt mit der Staatsräson; *Das Käthchen von Heilbronn*: unerschütterliche Hingabebereitschaft als Weg zum Glück; *Penthesilea*: Geschlechterkampf im Rahmen eines dionysischgrausamen Bildes der Antike; *Der zerbrochene Krug*: Lustspiel; Dorfrichter als Täter und Ankläger in einer Person; Gipfel der dt. Novellistik: *Michael Kohlhaas*: fanatisches Rechtsbegehren führt zu Schuld und Verbrechen; *Die Marquise von O...*; berühmter Essay *Über das Marionettentheater*: Verlust der Grazie durch (Selbst-)Erkenntnis; Verzweiflung über ausbleibende Anerkennung und über die Erfolglosigkeit der dt. Freiheitsbestrebungen führte K. zum Doppelselbstmord mit Henriette Vogel.

Kleist
Heinrich von
1777-1811

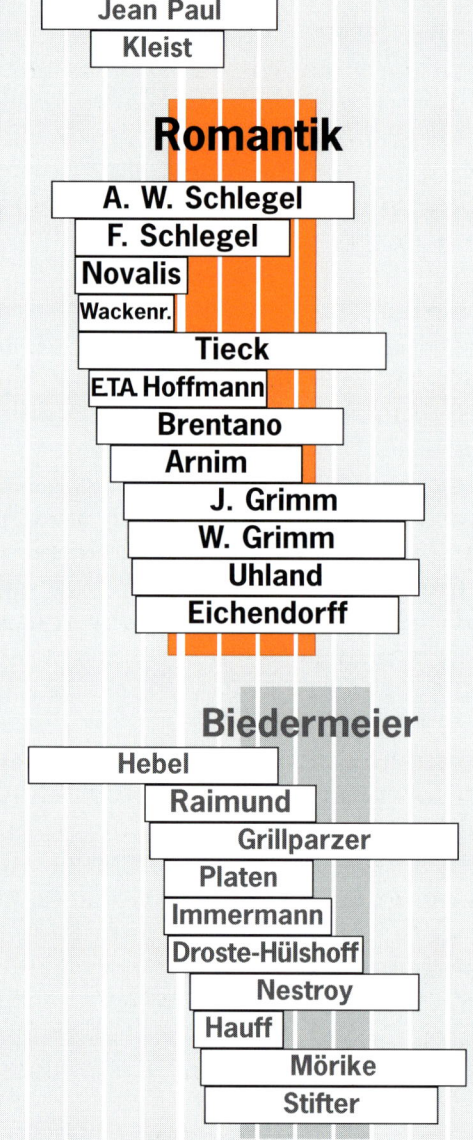

1700   **1800**   **1900**

70 80 90   10 20 30 40 50 60 70 80 90   10 20 30 40 50 60 70 80 90   10 20 30 40

Jean Paul

Kleist

Romantik

A. W. Schlegel

F. Schlegel

Novalis

Wackenr.

Tieck

E.T.A. Hoffmann

Brentano

Arnim

J. Grimm

W. Grimm

Uhland

Eichendorff

Biedermeier

Hebel

Raimund

Grillparzer

Platen

Immermann

Droste-Hülshoff

Nestroy

Hauff

Mörike

Stifter

Romantik (1798-1835)

1. *Kurzcharakteristik / Ausgangspunkt:* gilt als Erfindung der Deutschen - als unmittelbarer Reflex auf die Bürgerlichkeit der Weimarer Klassik; Interesse am Gefühlsleben, am Spekulativen, Wunderbaren, Phantastischen;
2. *histor. Hintergrund:* Napoleon, Freiheitskriege, Restauration;
3. *literar. Zentren:* zunächst Jena (Frühromantik), ab 1805 Heidelberg (Spät- bzw. Hochromantik);
4. *wichtige Zeitschriften:* „Athenäum"; „Berliner Abendblätter";
5. *weltanschaul. Hintergrund:* intensive Auseinandersetzung mit dem Werk Goethes, der Philosophie Fichtes (subjektiver Idealismus) und Schellings Naturphilosophie; Lust an philos. Spekulation in aphoristischen Reflexionen oder beim geselligen Gespräch in Salons; im Gegensatz zur „diesseitigen" Klassik stark von (kath.) Religiosität geprägt;
6. *literar. Umsetzung:* im Mittelpunkt der künstlerischen Gestaltung steht die Stimmung oder das Erlebnis; phantasievoller Inhalt wichtiger als die formale Perfektion des dichterischen Werkes; Tendenz, alles Reale ins Unendliche zu „transzendieren"; im Gegensatz zur Klassik Rückbesinnung auf das *germanische* Kulturerbe; Hochschätzung der Volkspoesie;
7. *Themen:* Mythen und Sagen; Traumerlebnisse;
8. *Lyrik:* Blütezeit der Lyrik (Brentano, Eichendorff); Sammlung volkstüml. Gedichte und Lieder; häufige Vertonung von Gedichten;
   Drama: tritt gegenüber der Lyrik und der Prosa zurück;
   Prosa: im Vordergrund stehen Märchen und phantastische Erzählungen (E.T.A. Hoffmann), Vorbild für den romant. Roman: Goethes *Wilhelm Meisters Lehrjahre*; Neigung zum Fragmentarischen als bewußt gewählte literar. Form;
9. *Nachwirkungen:* Popularisierende Fortentwicklung romant. Konzepte bis zum Ende des 19. Jh.s als Schauerromantik / Schwarze Romantik.

Schlegel
August Wilhelm
(ab 1815 von Sch.)
1767-1845

Aus Hannover stammender Professor für Kunst und Literaturgeschichte; (Mit-)Übersetzer der Dramen Shakespeares; literarischer Ratgeber von Madame de Staël; A.W. Sch. war zusammen mit seinem Bruder Friedrich Begründer der romant. Schule und Herausgeber der programmatischen Zeitschrift „Athenäum"; er verbreitete die romant. Ästhetik in seinen *Vorlesungen über schöne Literatur und Kunst* (Berlin und Wien); als Schriftsteller steht er im Schatten seines Bruders: *Gedichte* und das Schauspiel *Ion* (nach Goethes *Iphigenie*); A.W. Sch.s literar. Bedeutung liegt in seinen kongenialen Nachschöpfungen der Werke Dantes, Calderons und Shakespeares; sie trugen wesentlich zur Erschließung fremdsprachiger Literatur in Dtl. bei; mit seinen Sanskrit-Studien begründete er die altindische Philologie in Dtl.

Schlegel
Karl Wilhelm *Friedrich*
(ab 1815 von Sch.)
1772-1829

Jüngerer Bruder von August Wilhelm Schlegel; ebenfalls Professor an verschiedenen Universitäten (Paris, Wien); Kulturphilosoph, Literarhistoriker und Dichter; Anreger und führender Theoretiker der Jenaer Frühromantik; Mitherausgeber der romant. Zeitschrift „Athenäum"; sieht in der Romantik eine „progressive Universalpoesie", die auf eine Synthese von Philosophie, Religion und Kritik abzielt; Vorlesungen über philosophische, literarische, altertumskundliche und orientalische Themen in Wien; seine Kritik an den „Horen" führte zum Bruch mit Schiller; Gedichte; der autobiograph. Roman *Lucinde* verarbeitet Sch.s. romant. Liebesbeziehung zu der Schriftstellerin Dorothea Veit (Tochter von Moses Mendelson, mit der er mehrere Jahre zusammenlebte und mit der er gemeinsam zum Katholizismus konvertierte): Gleichrangigkeit von Mann und Frau, Darstellung sinnlichen Liebesglücks ohne falsche Scham - was von Zeitgenossen als skandalös empfunden und abgelehnt wurde.

Novalis
(= Georg Philipp
Friedrich Freiherr von
Hardenberg)
1772-1801

Gutsbesitzerssohn aus dem Kreis Hettstedt (nahe Eisleben); studierte Jurisprudenz, Mathematik und Philosophie, später Bergwissenschaften; danach in der Salinenverwaltung von Weißenfels tätig; stand in freundschaftlichem Verhältnis zu Tieck, den Gebrüdern Schlegel, zu Schelling, auch zu Schiller; vertrat einen „magischen Idealismus", in dem die Poetisierung der Welt zu einer höheren Wirklichkeit führen sollte; im Gedicht-Zyklus *Hymnen an die Nacht* gibt er seiner Erschütterung über den Tod seiner Braut Sophie von Kühn Ausdruck (z.T. in freien Rhythmen); *Geistliche Lieder*: Kirchenlieder für lutherische Gesangbücher; N.s märchenartiger Entwicklungsroman *Heinrich von Ofterdingen* war prägend für die Epoche: Der Held erblickt im Traum eine blaue Blume, die ihm höchstes Glück verheißt; er zieht aus, sie zu suchen, erfährt vom Wesen der Poesie und der Liebe; mit diesem unvollendeten Roman wurde die blaue Blume zum Symbol der Romantik; fragm. Schrift *Die Lehrlinge von Sais*; der Essay *Die Christenheit oder Europa* entwirft das Bild eines durch die christl. Religion erneut (wie im MA) geeinten Europas; Aphorismen-Slg. *Blütenstaub*.

Wackenroder
Wilhelm Heinrich
1773-1798

Berliner Jurist im Staatsdienst; als Student gemeinsame Wanderungen mit seinem Freund Ludwig Tieck durch Franken; verfaßte das erste Zeugnis romant. Lebensgefühls mit seiner (von Tieck herausgegebenen und z.T. überarbeiteten) Aufsatzsammlung *Herzensergießungen eines kunstliebenden Klosterbruders*: Rückbesinnung auf Kunst und Künstler des ital. und dt. MA anstelle der von der Klassik favorisierten griech. Antike; Kunst als Abglanz himmlischer Harmonie; Kunstgenuß ein Akt frommer Hingabe; in der abschließenden, autobiograph. Novelle *Das merkwürdige musikalische Leben des Tonkünstlers Berglinger* wird W.s romant. Auffassung von der Musik deutlich; W.s Schrift war von wesentlichem Einfluß auf die frühe Romantik und die Malerschule Philipp Otto Runges.

Tieck
Johann *Ludwig*
1773-1853

Schreibgewandter und vielseitiger Berliner Schriftsteller; Erzähler von Märchen oder romant. Novellen; sein (zusammen mit Wackenroder geplanter) Künstlerroman *Franz Sternbalds Wanderungen* handelt von einem schwärmerischen Maler, der sich von der frommen Kunst Dürers abwendet und Anhänger der sinnenfreudigen venezianischen Malerei wird; das (fragm.) Werk wurde Bezugspunkt für die dt. Maler-schule der „Nazarener" in Rom; T.s Sammlung *Volksmärchen* enthält Überliefertes und Selbsterfundenes; darin auch die Märchendramen *Der gestiefelte Kater* und *Ritter Blaubart*; weitere Werke: *Leben und Tod der heiligen Genoveva*: Dramatisierung eines Volksbuches; *Aufruhr in den Cevennen*: unvollst. histor. Novelle über die Verfolgung der Calvinisten, gegen religiösen Fanatismus; *Kaiser Octavianus*: Lustspiel; Briefroman *Geschichten des Herrn William Lovell*: vom Genuß zur Langeweile, vom Zynismus zum Verbrechen; Übs. von Cervantes' *Don Quichote*.

Hoffmann

Ernst Theodor Amadeus (eigtl. E.T. Wilhelm Hoffmann) 1776-1822

Jurist aus Königsberg; Prosa-Schriftsteller, Komponist und Zeichner; gilt als die genialste und vielseitigste Persönlichkeit der Spätromantik; seine schöpferische Begabung stand im Widerstreit mit seiner Tätigkeit als preußischer Justizbeamter: Wegen einer Karikatur wurde er strafversetzt; sein Versuch, sich als Komponist und Musikdirektor einer Theatergruppe dem ungeliebten Staatsdienst zu entziehen, schlug fehl; wieder am Kammergericht in Berlin, nutzte er seine Freizeit vorwiegend zur Umsetzung seiner Beobachtungen und Phantasien in Romane, Erzählungen, Novellen und Märchen; darin steht dem - meist verspotteten - bürgerl. Alltag eine Welt des Märchenhaften oder Gespenstischen, Unheimlichen gegenüber; *Die Elixiere des Teufels* (Verarbeitung von H.s Angst vor Wahnsinn: ein Mönch wird zum Verbrecher); *Lebensansichten des Katers Murr...*: Parodie eines Bildungsromans, der Philister in Tiermaske; *Nachtstücke*: Interesse an den „Nachtseiten" der menschl. Natur; *Der goldene Topf*: Student mit kindlichem Gemüt findet Zugang zum Zauberreich der Poesie und des Glücks; die in der Slg. *Die Serapionsbrüder* enthaltene Novelle *Das Fräulein von Scuderie* gilt als erste dt.sprachige Kriminalgeschichte; Märchen: *Prinzessin Brambilla*; *Meister Floh*; H. vertonte Fouqués *Undine* und schrieb Sinfonien, Sonaten und Singspiele; J. Offenbachs Oper *Hoffmanns Erzählungen* macht ihn zum Titelhelden. H.s literar. Werk beeinflußte Balzac, Gogol, Dickens, Poe und Kafka.

Geboren in Ehrenbreitstein (Koblenz) als Sohn eines aus Italien stammenden Frankfurter Kaufmanns (und als Enkel der Schriftstellerin Sophie von La Roche); Student in Jena; einer der großen Lyriker und Erzähler der Romantik; das gemeinsam mit seinem Freund Achim von Arnim herausgegebene Buch *Des Knaben Wunderhorn* ist die erste umfassende Sammlung dt. Volksdichtung: alte Lieder, von den Autoren meist bearbeitet oder in schlichter, volkstümlicher Art neu geschaffen; weitere Werke: *Ponce de Leon*, Lustspiel voller Intrigen und Verwechslungen (von der Commedia dell'arte und von Shakespeare beeinflußt); Märchen - am bekanntesten: *Gockel, Hinkel und Gackeleia*; Novelle: *Geschichte vom braven Kasperl und dem schönen Annerl*: in Selbstmord und Hinrichtung endende Liebestragödie; Lyrik: geistliche und weltliche Lieder, von B. oft selbst vertont und vorgesungen - bekannt: *Wenn der lahme Weber träumt er webet, Sprich aus der Ferne*; fragm. Versepos: *Romanzen vom Rosenkranz*: Bologneser Familien-Saga; nach seiner Rückkehr zum Katholizismus besuchte B. fünf Jahre lang eine stigmatisierte Nonne am Krankenbett, später veröffentlichte er deren Visionen.

Brentano
Clemens
1778-1842

Entstammt einer märkischen Adelsfamilie in der Nähe von Berlin; studierte Naturwissenschaften in Halle und Göttingen; Vertreter der Heidelberger Romantik, der im Zeichen des erwachenden dt. Nationalbewußtseins (Befreiungskriege!) zu einer Rückbesinnung auf dt. Brauchtum beitragen wollte; in Zusammenarbeit mit seinem Freund Clemens Brentano, dessen Schwester Bettina er später heiratete, entstand die Volksliedersammlung *Des Knaben Wunderhorn*; Gedichte, Novellen, Romane, Dramen, meist in histor. Rahmen und patriotisch eingefärbt; als novellistisches Meisterstück gilt *Der tolle Invalide auf dem Fort Ratonneau*.

Arnim
Achim von
(eigtl. Ludwig Joachim
von A.)
1781-1831

Germanistik-Professor in Göttingen; leidenschaftlicher Sammler dt. Sagen und Märchen; zusammen mit seinem Bruder Wilhelm gab er zwei Bände *Kinder- und Hausmärchen* heraus, die sofort populär

Grimm
Jacob
1785-1863

wurden; später folgten *Deutsche Sagen* (2 Bde.); mit seiner *Deutschen Grammatik* (4 Bde.) begründete er die historische Sprachforschung in Dtl.; darin wird erstmals die Entwicklung der dt. Sprache verfolgt und die Gesetzmäßigkeit des Lautwandels dargestellt; gemeinsam mit seinem Bruder Edition altdeutscher, altnordischer, angelsächsischer, lateinischer Werke und, vor allem, Beginn eines umfassenden *Deutschen Wörterbuches* (mit ausführlicher Angabe von Beispielen und Etymologien); Fertigstellung bis zum Stichwort „Frucht" - das Werk wurde erst 1971 vollendet (33 Teilbände); J.G. gehört zu den „Göttinger Sieben", die 1837 für demokratische Rechte eintraten und - obwohl des Landes verwiesen - maßgeblich zur Liberalisierung beitrugen.

Grimm
Wilhelm
1786-1859

Germanistik-Professor wie sein Bruder Jacob, dessen Interessen er teilte und mit dem er zeitlebens eng zusammenarbeitete, insbesondere bei der Sammlung und Herausgabe deutscher Sagen und Märchen (s.o); er redigierte die Texte und schuf einen volksnahen Märchenstil; seinem Erzähltalent ist es zu verdanken, daß die *Kinder- und Hausmärchen* zum meistverbreiteten Buch in Dtl. wurden - nach der Bibel; weitere Arbeiten galten der Sagenforschung und der Literaturgeschichte; W.G. verfaßte den 4. Band (Buchstabe D) des mit seinem Bruder gemeinsam in Angriff genommenen *Deutschen Wörterbuches*; auch er gehört zu den „Göttinger Sieben", die sich gegen den Bruch verfassungsmäßiger Bürgerrechte einsetzten.

Uhland
Johann *Ludwig*
1787-1862

Jurist und Germanist aus Tübingen; Abgeordneter der dt. Nationalversammlung von 1848 (Frankfurter Paulskirche); Mittelpunkt des schwäbischen Dichterkreises (Schwab, Kerner); seine schlichten, volkstümlichen, z.T. patriotischen Gedichte und Balladen (*Schwäbische Kunde* u.a.) begründeten seine Popularität; sie gehörten - neben Schillers Werken - zum wichtigsten literar. Bildungsgut des dt. Bürgertums; heute sind sie so gut wie vergessen - Ausnahme: *Ich hatt' einen Kameraden* (vertont von F. Silcher).

Aus Oberschlesien stammender Jurist in preußischem Staatsdienst (Breslau, Danzig, Königsberg, Berlin); während der Befreiungskriege 1813 und 1815 Offizier im „Lützowschen Freikorps"; markiert den Höhepunkt der spätromant. Lyrik; E.s schlichte, melodiöse Gedichte - die auch zahlreich in seine Prosawerke eingearbeitet sind - haben ein festes Reservoir immer wiederkehrender Worte und Bilder (Sehnsucht, Abenddämmerung, Hörnerklang, Waldesrauschen), so daß ihr spezifischer „Sound" für viele zum musikalischen Sinnbild der Romantik geworden ist: *Wem Gott will rechte Gunst erweisen* (vertont von F.Th. Fröhlich); *Schläft ein Lied in allen Dingen*; *Dämmrung will die Flügel spreiten*; die Erzählung *Aus dem Leben eines Taugenichts* gehört zu den am meisten gelesenen Werken der Romantik: Ein Müllerssohn verläßt seine Heimat aus purer Wanderlust und erfährt prompt märchenhaftes Glück; E.s tiefe Religiosität beherrscht auch das Kernmotiv seiner Erzählung *Dichter und ihre Gesellen*, die Novelle *Das Marmorbild* und den Roman *Ahnung und Gegenwart*: Bei Verlockungen jedweder Art hilft der Glaube, den richtigen Lebensweg zu finden.

Eichendorff
Joseph Freiherr von
1788-1857

1700   **1800**   **1900**

0 70 80 90   10 20 30 40 50 60 70 80 90   10 20 30 40 50 60 70 80 90   10 20 30 40

Klassik

Goethe
Schiller
Hölderlin

Biedermeier

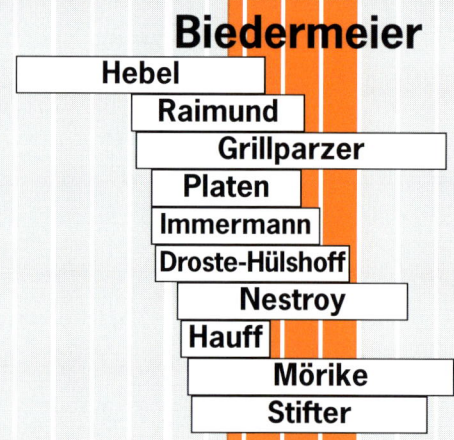

Hebel
Raimund
Grillparzer
Platen
Immermann
Droste-Hülshoff
Nestroy
Hauff
Mörike
Stifter

Junges Dtl./ Vormärz

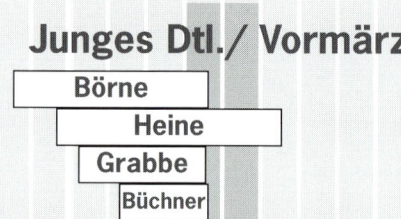

Börne
Heine
Grabbe
Büchner

Biedermeier (1815-1850)

1. *Kurzcharakteristik / Ausgangspunkt:* Fortwirken der dt. Klassik als bürgerl. Rückzugsbewegung in Folge der gescheiterten Revolutionsbestrebungen; die Bezeichnung geht auf den Titelhelden einer parodistischen Gedicht-Slg. von Ludwig Eichrod zurück;
2. *histor. Hintergrund*: Restaurationszeit; polit. Stagnation; Verdrossenheit über Reglementierung der Bürger (Verfolgung liberaler Denker und Schriftsteller);
3. *literar. Zentren*: -
4. *wichtige Zeitschriften*: -
5. *weltanschaul. Hintergrund*: Hinwendung zu patriarchalischer Ordnung, Bewahren des Überkommenen, Zurückgezogenheit;
6. *literar. Umsetzung*: Abkehr von Schwärmerei und Leidenschaften, statt dessen Liebe zum Unscheinbar-Alltäglichen des einfachen Lebens; „Andacht zum Kleinen"; „holdes Bescheiden"; Humor auf der Basis von Schwermut (statt „romantischer Ironie");
7. *Themen*: Familie, Religion, Natur, Heimat, Einsame, Sonderlinge;
8. *Lyrik*: Bevorzugung kleiner Formen (Idyllen oder Stammbuchverse); volkstümliche Balladen (Themen meist aus dem heimischen Bereich);
   Drama: Blütezeit des Vaudevilles und der Lokalposse (Nestroy);
   Prosa: Erzählungen, Novellen und Märchen; Romane eher die Ausnahme;
9. *Nachwirkung*: Verwässerung biedermeierlicher Konzepte in der zweiten Hälfte des 19. Jh.s zu einer weitverbreiteten „Gartenlauben"-Literatur.

Hebel
Johann Peter
1760-1826

Badener Gymnasialdirektor, ev. Prälat und Mitglied der ersten badischen Landeskammer; volksnaher Meister epischer Kleinkunst mit Vorliebe für merkwürdige Erlebnisse oder Käuze (Einfluß von Jean Paul) und für das ins Biedermeierliche tendierende Glück im stillen Winkel; mit seinen *Alemannischen Gedichten* (Erlebnisse im bäuerlich-ländlichen Bereich des südlichen Schwarzwaldes) brachte er erstmals die Mundartdichtung in Dtl. zur Geltung; als Herausgeber des Bauernkalenders „Der Rheinländische Hausfreund" verfaßte er zahlreiche „Kalendergeschichten", die er dann im *Schatzkästlein des rheinischen Hausfreundes* zusammenfaßte: Humor und gemütvolle Szenen voll schlichter Frömmigkeit und unaufdringlicher Belehrung - berühmt: *Kannitverstan.*

Raimund
Ferdinand Jacob
(eigtl. F.J. Raimann)
1790-1836

Wiener Schauspieler und Bühnendichter, der das Wiener Volksschauspiel populär machte; in seinen Zaubermärchen (die z.T. musikal. Elemente oder Lieder einbeziehen) werden in zentraler Funktion übernatürliche Mächte (Feen, Geister) eingeschaltet; die Szenen sind gekennzeichnet durch Situationskomik, Humor und Melancholie auf der Grundlage eines bürgerl. Weltbildes; am bekanntesten: *Der Alpenkönig und der Menschenfeind*: Lustspiel nach dem Vorbild von Molières *Le Misanthrop*, bei dem der vom Wahn Besessene durch die Zaubermacht des Alpenkönigs (einer Figur aus der volkstümlichen Mythologie) geheilt wird; *Der Verschwender* gilt als R.s Meisterwerk: gelungene Verflechtung von Feen- und Menschenwelt; mit seinen bühnenwirksamen Werken ist R. der Schöpfer des sentimentalen Volksstücks; einige seiner Lieder wurden zu Volksliedern.

Grillparzer
Franz
1791-1872

Lebenslang verlobter Wiener Finanzbeamter und Hoftheaterdichter; gilt als bedeutendster österr. Dramatiker; knüpfte an die Klassik an, war andererseits aber auch vom Kulturpessimismus Schopenhauers beeinflußt; nahm österr.-barocke Elemente in seine Dramen (vorwiegend Tragödien in Jambenform) auf; *Die Ahnfrau*: Schicksalsdrama in der Nachfolge von Schillers *Braut von Messina*; *Sappho*: Konflikt zwischen Kunst und Leben; *Das goldene Vlies*, dramat.

Gedicht als Trilogie: *Der Gastfreund, Die Argonauten, Medea*; *Des Meeres und der Liebe Wellen* thematisiert die Sage von Hero und Leander; histor. Dramen *König Ottokars Glück und Ende* und *Ein Bruderzwist im Hause Habsburg*: Rudolf von Habsburg als Vertreter von Recht und Ordnung, Ablehnung heroischer Taten, die zu Schuld führen; *Die Jüdin von Toledo*, nach Lope de Vega: Konflikt zwischen Liebe und Staatsinteressen; *Ein treuer Diener seines Herrn*: Pflichttreue als Heroismus; *Der Traum ein Leben*, dramat. Märchen in Anlehnung an Calderons *Das Leben ein Traum*; *Weh dem, der lügt*, Lustspiel in der Art des Wiener Volkstheaters; nach dem Mißerfolg der Aufführung (1838) zog sich G. für den Rest seines Lebens - über 30 Jahre! - völlig von der Bühne zurück; autobiograph. gefärbte Erzählung *Der arme Spielmann*: Ein im bürgerl. Leben Gescheiterter flüchtet in ein lächerlich-tragisches Dasein als Straßenmusikant.

Platen
August Graf von
(eigtl. Karl August
Georg Maximilian
Graf von P.-Haller-
münde)
1796-1835

Offizier aus Ansbach, ab 1826 in Italien lebend; sensibler Schöngeist, der in seinen Werken klassische Formvollendung anstrebt und alle Gattungen der Lyrik virtuos beherrscht; in seinen Oden, Sonetten, Ghaselen, Elegien usw. kommt häufig ein schwermütiges Pathos zum Ausdruck, berühmt: *Tristan* („Wer die Schönheit angeschaut mit Augen..."); *Sonette aus Venedig*: Magie der dem Untergang geweihten Schönheit; Ballade *Das Grab am Busento*: Bestattung des Westgotenkönigs Alarich; P.s *Polenlieder* dokumentieren seine radikal-freiheitliche Gesinnung; sein Lustspiel *Der romantische Ödipus* ist eine an Tiecks Volksmärchen orientierte Satire, die sich gegen K.L. Immermann und H. Heine richtet; sie löste eine erbitterte Literaturfehde aus.

Immermann
Karl Leberecht
1796-1840

Landgerichtsrat und Theaterleiter, Dramatiker, Romancier und Lyriker aus Magdeburg; mit seiner Gründung eines Düsseldorfer Staatstheaters rief er eine Musterbühne ins Leben, deren werktreue Aufführungspraxis landesweit Bewunderung fand; als Lyriker und Dramatiker ist I. Epigone; er schuf aber zwei umfangreiche Romane, in denen er sich auf der

Höhe seiner Zeit zeigt: Der Entwicklungsroman *Die Epigonen*, formal angelehnt an Goethes *Wilhelm Meister*, liefert eine (selbst-)kritische Diagnose von Adel und Bürgertum im ersten Drittel des 19. Jh.s - das Werk gilt als erster dt. Zeit- und Gesellschaftsroman moderner Prägung; der satirirische Roman *Münchhausen* schließt an die von R.E. Raspe und G.A. Bürger beschriebenen Erlebnisse des berühmten Lügenbarons an: Darin wird die Scheinwelt des Adels gegen die bäuerliche Dorfidylle und ein konservativ-sittliches Lebenskonzept ausgespielt.

Droste-Hülshoff
Annette von
(eigtl. Anna Elisabeth
Freiin von Droste zu
Hülshoff)
1797-1848

Freifräulein aus dem Wasserschloß Hülshoff bei Münster, seit 1846 auf Schloß Meersburg am Bodensee; gilt als eine der bedeutendsten dt. Lyrikerinnen; in ihren Gedichten entwirft sie „impressionistische" Naturbilder, die auf die Literatur der Jahrhundertwende vorausdeuten, und thematisiert neben kleineren Dingen des Lebens vor allem die Landschaft ihrer westfälischen Heimat: *Heidebilder*; *Das geistliche Jahr*: religiöse Gedichte; in ihren Balladen und Versepen greift oft das Dämonische, Übersinnliche ins menschl. Leben ein; Höhepunkt ihres erzählerischen Schaffens ist die Novelle *Die Judenbuche*, ein mit stilistisch kargen Mitteln geschilderter Mordfall; die exemplarisch beschriebene Psychologie des Mörders weist über das Biedermeier hinaus auf künftige naturalistische Darstellungen.

Nestroy
Johann Nepomuk
1801-1862

Österr. Bühnendichter und Schauspieler, der das Wiener Volksschauspiel nach Ferdinand Raimund vom Märchen- oder Phantasiespiel zum zeitkritisch-satirischen Tendenzstück und damit zur Blüte führte; die menschlichen bzw. gesellschaftl. Unzulänglichkeiten werden entlarvt und der Lächerlichkeit preisgegeben, witzige Dialoge, aggressive Komik, z.T. mit Gesangseinlagen (Couplets); zu seinen Erfolgsstücken zählen *Der böse Geist Lumpazivagabundus*: Posse über Fortunas geringe Zauberkraft; *Einen Jux will er sich machen* (N.s meistgespieltes Stück); *Freiheit in Krähwinkel*: Satire auf die gescheiterte Revolution von 1848.

Stuttgarter Erzähler, der zwischen Spätromantik und Realismus steht, sich aber auch dem Biedermeier zuordnen läßt; vor allem durch seine Märchen bekannt: *Der Zwerg Nase*; *Die Geschichte von Kalif Storch*; *Das kalte Herz* usw. - zusammengefaßt in drei Almanachen: *Die Karawane*, *Der Scheik von Alessandria und seine Sklaven*, *Das Wirtshaus im Spessart*; zeitgeschichtliche und histor. Erzz.; mit der in der Nachfolge von W. Scott verfaßten Rittergeschichte *Lichtenstein* wird H. - neben W. Alexis - zum Begründer des histor. Romans in Dtl.

Hauff
Wilhelm
1802-1827

Schwäbischer Pfarrer; Lyriker und Erzähler mit Hinwendung zum Kleinen, zum „holden Bescheiden", aber auch zum Märchenhaften, Mythischen; die Spannweite seiner Natur- und Liebeslyrik reicht von Idyllen, Romanzen, Balladen bis zu antikisierenden Formen: *Peregrina-Lieder*; *Gesang Weylas* (Trauminsel Orplid); *Er ists* („Frühling läßt sein blaues Band…"); *Die Geister vom Mummelsee*; viele seiner Gedichte wurden vertont (R. Schumann, H. Wolf) und dadurch sehr populär; über sein Gedicht *Auf eine Lampe* führten M. Heidegger und E. Staiger eine in Germanistenkreisen berühmt gewordene Auseinandersetzung; *Das Stuttgarter Hutzelmännlein*: Humoristisch-phantastisches Märchen, darin: *Historie von der schönen Lau*; romant. Künstlerroman *Maler Nolten*, an dem M. sein Leben lang korrigierte: Schicksalsbestimmung durch dämonische Mächte, Wahnsinns- und Doppelgängermotiv; *Mozart auf der Reise nach Prag* gilt als eine der schönsten dt. Novellen (Faszination angesichts des Genies, aber auch Todesahnung).

Mörike
Eduard
1804-1875

Böhmisch-österreichischer Hauslehrer und Volksschul-Inspektor; als Novellist und Romancier Meister der Naturbeschreibung, der in der Vorrede seiner Novellen-Slg. *Bunte Steine* die biedermeierliche Lebens- und Weltsicht formuliert, das „sanfte Gesetz": Das eigentliche Große liegt im Kleinen und Alltäglichen; Novellen-Slg. *Studien*, darin u.a. die fragm. Erz. *Die Mappe meines Urgroßvaters*: Erziehung des Helden zu Mäßigung und Besonnenheit; Hauptwerk: *Der Nach-*

Stifter
Adalbert
1805-1868

sommer, ein umfangreicher, handlungsarmer Bildungsroman mit zahlreichen minuziösen Schilderungen
von Einzelheiten, Darstellung einer humanist. Idylle;
Witiko, episch breit angelegter histor. Roman: Bürger-
krieg in Böhmen, Titelheld als selbstloser und treuer
Führer der Ordnungspartei, Ideal eines christl. mit-
telalterlichen Staates (St. lehnte die Revolution von
1848 und deren staatspolit. Folgen ab); St. war auch
Maler und Zeichner, vor allem böhmischer Landschaften.

Junges Deutschland / Vormärz (1830-1850)

1. *Kurzcharakteristik / Ausgangspunkt*: Junges Deutschland: Bezeichnung einer Gruppe staats- und gesellschaftskritischer Schriftsteller (ab 1835 verboten und vom frz. Exil aus wirkend); *Vormärz* im engeren Sinne: die Zeit zwischen der frz. „Julirevolution" (1830) und der dt. sog. „Märzrevolution" 1848 (gescheiterter Bürgeraufstand gegen staatliche Bevormundung und Vielstaaterei);
2. *histor. Hintergrund*: Kampf um „Freiheit", polit. Mitspracherechte des Bürgers und nationale Einheit: Dtl. umfaßte damals 37 Einzelstaaten; seit 1815 „Deutscher Bund"; ab 1834 „Deutscher Zollverein";
3. *literar. Zentren*: Frankfurt, Hamburg, Bremen; später Paris;
4. *wichtige Zeitschriften*: „Morgenblatt für gebildete Stände"; „Zeitung für die elegante Welt";
5. *weltanschaul. Hintergrund*: Einfluß des frz. Liberalismus (s.o. „Julirevolution"); rationalistische und emanzipatorische Konzepte; atheistische Tendenzen (Einfluß der Philosophie Feuerbachs);
6. *literar. Umsetzung*: Literatur als Agitationsmittel zur ethischen, politischen und sozialen Erneuerung; vorrangiges Interesse am aktuellen Zeitgeschehen statt am „rein Menschlichen" bzw. an der artistischen Formung von Inhalten; Romantik als rückschrittlich empfunden;
7. *Themen*: Gesellschaftskritik in all seinen Facetten;
8. *Lyrik*: herausragender Lyriker: Heine (ironische Brechung des Weltschmerzes); polit. Lyrik (A. H. Hoffmann von Fallersleben, G. Herwegh, F. Freiligrath);
   Dramen: vorwiegend über histor. Figuren;
   Prosa: wird in all ihren Formen bevorzugt; Roman als „Panorama der Zeit" (K. Gutzkow); Fortsetzungsromane in Zeitschriften.

1700  1800 1900

0 70 80 90   10 20 30 40 50 60 70 80 90   10 20 30 40 50 60 70 80 90   10 20 30 40

Klassik

Goethe

Schiller

Hölderlin

Junges Dtl./ Vormärz

Börne

Heine

Grabbe

Büchner

Biedermeier

Hebel

Raimund

Grillparzer

Platen

Immermann

Droste-Hülshoff

Nestroy

Hauff

Mörike

Stifter

Frankfurter Publizist jüd. Abstammung, der 1818 zum Protestantismus übertrat; Verf. ironischer Feuilletons und Kurzgeschichten, in denen er die polit. und kulturellen Verhältnisse der Restaurationszeit kritisiert; seine humoristisch verhüllten, treffsicheren Attacken brachten ihn wiederholt in Konflikt mit der Zensur: die von ihm herausgebrachten Zeitschriften „Die Wage. Blätter für Bürgerleben, Wissenschaft und Kultur" sowie „Zeitschwingen" wurden verboten; 1830 emigrierte B. nach Paris; seine, formal an die Freundin Jeanette Wohl gerichteten *Briefe aus Paris* fanden - obwohl oder gerade weil in Dtl. verboten - rasche Verbreitung: Darin wird mit polemischen Mitteln die Rückständigkeit der Deutschen angeprangert und - unter programmatischer Auseinandersetzung mit der frz. Julirevolution - offen zum Aufstand aufgerufen; in der Zeitschrift „La balance" tritt er später - ähnlich wie sein Rivale Heine - für eine Vermittlung zwischen dt. und frz. Wesen ein; die Aufgabe der Literatur sieht B. im Dienst am moralischen und politischen Fortschritt, daher auch seine Kritik am „unpolitischen" Goethe.

Düsseldorfer Jurist jüd. Herkunft, seit 1825 Protestant; Dichter und Publizist, der vor allem durch die romant. Ironie seiner Lyrik Weltgeltung erlangt hat: Schlußpointen einzelner Gedichte konterkarieren weltschmerzliche Grundhaltung; Empfindungsreichtum, eleganter Stil und scharfer Witz charakterisieren auch sein Prosawerk; als Korrespondent verschiedener Zeitschriften seit 1831 in Paris; stand dem Linkshegelianismus nahe (Bekanntschaft mit Karl Marx); aufgrund seiner polit. Einstellung wurden seine Schriften in Dtl. verboten; von seinem Schicksalsgenossen Ludwig Börne, der zur gleichen Zeit in Paris lebte, distanzierte er sich in einem Essay; seine revolutionäre und antinationale Überzeugung kommt u.a. in dem satir. Versepos *Deutschland. Ein Wintermärchen* zum Ausdruck; andererseits aber auch Vermittlungsversuche zwischen dt. und frz. Kultur: *Die romantische Schule*; *Französische Zustände*; seine Reisebilder (*Harzreise, Die Bäder von Lucca*) sind eine assoziative Mischung

Börne
Ludwig (bis zur
Taufe: Löb Baruch)
1786-1837

Heine
Heinrich (bis zur
Taufe: Harry Heine)
1797-1856

von Impressionen, Naturschilderungen, Gedichten, übermütiger Spötterei, polit. und gesellschaftl. Betrachtungen; sie wurden zum Stilvorbild des modernen Feuilletons; Lyrik-Slgg., u.a. *Buch der Lieder*; bekannte Gedichte: *Ich weiß nicht, was soll es bedeuten, Sie saßen und tranken am Teetisch*; Ballade *Belsazar*; viele seiner Gedichte wurden vertont (F. Schubert, R. Schumann).

Grabbe Christian Dietrich 1801-1836	Advokat aus Detmold; Dramatiker, der in nüchternen „Tragödien des Nihilismus" (B. von Wiese) die Realität der Welt und ihre Sinnlosigkeit zeigen will; in seinem Lustspiel *Scherz, Satire, Ironie und tiefere Bedeutung* verspottet er die zeitgenössische Literatur; das Grotesk-Phantastische des Stückes (Einfluß von E.T.A. Hoffmann) nimmt teilweise das surrealistische Theater des 20. Jh.s vorweg; G.s - z.T. recht bühnenfern konzipierte - Dramen stellen das Scheitern von Ausnahmemenschen dar, ihr Heldentum steht im tragischen Widerspruch zur Macht der Verhältnisse (Einfluß des Sturm und Drang); *Napoleon oder die hundert Tage*; *Hannibal*; *Don Juan und Faust*; in einer Abhandlung *Über die Shakespearomanie* wendet sich G. gegen das Epigonentum in der Dramatik; mit seinen Stücken *Die Hohenstaufen* (Doppeldrama) und *Die Hermannsschlacht* versucht er, ein nationales Geschichtsdrama zu begründen.
Büchner Georg 1813-1837	Radikaldemokratischer Medizin-Student aus Darmstadt, Mitbegründer der „Gesellschaft für Menschenrechte" und, als Dramatiker von Weltrang, Vorläufer von Naturalismus und Expressionismus; Verf. der präkommunistischen Kampfschrift *Der Hessische Landbote*, dessen Motto „Friede den Hütten, Krieg den Palästen" Anlaß zu polizeilicher Verfolgung und zur Flucht nach Straßburg gab; in seinem Hauptwerk *Dantons Tod* stellt er dem Schillerschen Freiheitskämpfer (vgl. *Wilhelm Tell, Die Räuber*) den passiven Helden entgegen: Obwohl der geniale Danton erkannt hat, daß die frz. Revolution im Jahre 1794 nurmehr „ihre eigenen Kinder frißt", kann er das Blutvergießen nicht beenden; Folge von 32 Szenen in realist. Dokumentarstil (z.T. mit Redezitaten aus dem

frz. Nationalkonvent); *Woyzek* gilt als das erste bedeutende Sozialdrama in Dtl.; es zeigt den Soldaten Woyzek als Leidenden, Unterdrückten, Betrogenen, der schließlich aus innerem Zwang zum Mörder wird; materialistisch-fatalistische Weltsicht (Oper *Wozzek* von Alban Berg); Lustspiel *Leonce und Lena*: romant. Märchen über zwei Königskinder (Einfluß Brentanos, Shakespeares, Mussets); fragm. Erz. *Lenz*: exaktes Protokoll über den Ausbruch der geistigen Umnachtung des Sturm und Drang-Dichters J.M.R. Lenz; Georg-Büchner-Preis: bedeutendster dt. Literaturpreis, der seit 1951 jährlich vergeben wird.

1800 1900 2000

50 60 70 80 90   10 20 30 40 50 60 70 80 90   10 20 30 40 50 60 70 80 90   10 20

Klassik

| Goethe |
| Schiller |
| Hölderlin |

Realismus

| Hebbel |
| Freytag |
| Storm |
| Fontane |
| Keller |
| C.F. Meyer |
| Scheffel |
| Raabe |

Naturalismus

| Anzengruber |
| Sudermann |
| Hauptmann |
| Holz |

Realismus (1840-1890)

1. *Kurzcharakteristik / Ausgangspunkt:* letzter Nachklang der deutschen Klassik (vgl. Biedermeier) bei gleichzeitiger Ablehnung der Romantik; frz. Einfluß (Balzac, Flaubert);
2. *histor. Hintergrund:* gescheiterte Revolution von 1848, industrielle Revolution; Entstehung des städtischen Proletariats; Ära Bismarcks: dt.-frz. Krieg (1870-1871) und Reichsgründung;
3. *literar. Zentren:* -
4. *wichtige Zeitschriften:* „Die Gartenlaube", „Westermanns Monatshefte", „Deutsche Rundschau";
5. *philos. Hintergrund:* Schopenhauers Pessimismus; Feuerbach (Vorstellung eines Gottes ist unrealistisch); Darwin (Entstehung der Arten); Kommunistisches Manifest (Marx und Engels, 1848);
6. *literar. Umsetzung:* nüchterner Stil ohne Pathos, aber oft mit Humor (Wilhelm Busch);
7. *Themen:* Spannungen des bürgerl. Durchschnittsmenschen mit der gesellschaftl. Umwelt; Darstellung des tragischen Individuums an Stelle des früheren „Helden"; Entsagung bzw. Resignation;
8. *Lyrik:* Erlebnis- und Stimmungslyrik; Balladen (Fontane, C.F. Meyer);
   Drama: einziger Dramatiker von Rang: Hebbel;
   Prosa: vorherrschende Darstellungsform, insbesondere als Novelle, histor. Erz. oder Roman; Entstehung des Genre-Romans (Einfluß von Dickens).

Hebbel
Christian *Friedrich*
1813-1863

Aus Dithmarschen stammender Dramatiker und erfolgreicher Autodidakt; von Hegel und Schopenhauer beeinflußt; in seinen Dramen thematisiert er den Konflikt des Individuums mit dem unüberwindbaren Weltgesetz (Pantragismus) und die daraus resultierende schuldfreie Tragik; die Erscheinungsformen höherer Macht sind unterschiedlich: Sitte, Staat, histor. Notwendigkeit usw.; mit der Tragödie *Maria Magdalena* will H. bewußt das bürgerl. Trauerspiel erneuern; im Unterschied zu Schillers *Kabale und Liebe* oder Lessings *Emilia Galotti* entsteht die Tragik hier aber nicht durch den Gegensatz von Adel und Bürgertum, sondern durch die Gebundenheit an den überlebten bürgerl. Sittenkodex; über die Titelheldin von *Agnes Bernauer* muß aus Staatsräson das Todesurteil gefällt werden; in weiteren Dramen wird das Verhängnis durch Verletzung der Frauenehre heraufbeschworen: *Judith*; *Gyges und sein Ring*; *Herodes und Mariamne*; *Die Nibelungen* (Trilogie); H.s Dramen weisen z.T. auf Werke von Strindberg und Wedekind voraus; H. schrieb auch (Gedanken-)Lyrik im Gefolge Uhlands: *Dem Schmerz sein Recht*; *Der Heideknabe* (Ballade).

Freytag
Gustav
1816-1895

Privatdozent für dt. Literatur in Breslau; polit. engagierter Journalist, Kulturhistoriker und Romancier, Reichstagsabgeordneter; Mitherausgeber der Leipziger Wochenzeitschrift „Die Grenzboten" (Kampfblatt der nationalliberalen Partei); wollte mit seinen Publikationen zur Heranbildung einer liberalen, bürgerl. Identität der Deutschen beitragen; in seinem größten Publikumserfolg, dem Entwicklungsroman *Soll und Haben*, zeigt er beispielhaft, daß Pflichterfüllung im bürgerl. Leben belohnt wird; realist. Darstellung verschiedener sozialer Schichten (Einfluß von Dickens); in dem episch breiten Roman-Zyklus *Die Ahnen* (6 Bde.) wird die Chronik einer dt. Familie von der germanischen Vorzeit an verfolgt, und zwar unter Berücksichtigung von F.s histor. Studien (von Kritikern als „Professorenroman" abgetan); Lustspiel: *Die Journalisten* (harmlose Karikatur des Pressewesens); kulturgeschichtliches Hauptwerk: *Bilder aus der deutschen Vergangenheit* (5 Bde.).

Nordfriesischer Advokat, später Oberamtsrichter in Husum, der „grauen Stadt am Meer"; Erzähler, der in der Novelle - die er als „strengste Prosaform" und „Schwester des Dramas" ansieht - meist gesellschaftl. Konflikte thematisiert; *Immensee*: resignative, gedicht-durchsetzte, handlungsarme Bilderreihe um eine Jugendliebe; *Pole Poppenspäler*; *Draußen im Heidedorf*; vergeblicher Kampf gegen dämonische Mächte ist das beherrschende Thema seiner Meisternovelle *Der Schimmelreiter*: Ein ehrgeiziger Deichgraf scheitert an der Bosheit seiner Mitmenschen und an der Naturgewalt; Märchen: *Der kleine Häwelmann* u.a.; Gedichte: *Knecht Ruprecht*; *Am grauen Strand*; obwohl sich S. als „größter lebender Lyriker" empfand, hat er vor allem als realist. Erzähler einen Namen; Lyrik wie Prosa sind bei ihm meist von einer schmerzlichen oder sehnsuchtsvollen Grundstimmung erfüllt; Einfluß auf Rilke und Th. Mann.

Storm
Hans *Theodor* Woldsen
1817-1888

Apotheker aus Neuruppin (Mark Brandenburg); frz. Abstammung (Hugenottenfamilie); Journalist, Kriegsberichterstatter und Theaterkritiker; konservativer Erzähler, der erst 1878 mit einem Roman debütierte; begann als Balladendichter: *Archibald Douglas, John Maynard, Die Brück' am Tay*; seine Hauptbedeutung liegt in seinen fast sachlich-nüchtern geschriebenen handlungsarmen Zeit- und Gesellschaftsromanen; darin zeigt sich F. als Anwalt der bürgerl. Ordnung, die stets gegen die Macht der Leidenschaften bewahrt werden muß; *Effi Briest*: Ehebruch ohne jeden emanzipatorischen Aspekt, Seelendarstellung, „fast mit dem Psychographen geschrieben" (F.); *Irrungen Wirrungen*: Mesalliance; *Schach von Wuthenow*: erstarrter Ehrenkodex des preußischen Adels; *Frau Jenny Treibel*: materialistische Einstellung der Bourgoisie; *Der Stechlin*: Konversationsroman, thematisiert Generationswechsel und Zeitwende auf einem Herrenhof; *Wanderungen durch die Mark Brandenburg*: die Heimat verklärende Reisefeuilletons; F. löst den dt. Roman aus der erstarrten Tradition des Bildungsromans und trägt damit entscheidend zu seiner Weiterentwicklung bei; Einfluß auf Th. Mann.

Fontane
Theodor
1819-1898

Keller
Gottfried
1819-1890

Schweizer Autodidakt, Maler, später Staatsschreiber in Zürich, der mit seinem autobiograph. Roman *Der grüne Heinrich* weltliterar. Rang erreicht hat: nach dem Vorbild von Goethes *Wilhelm Meister* schildert er darin die Entwicklung eines Menschen, der sich zum Maler berufen glaubt, aber nach Jahren einsehen muß, daß er sich über seine Begabung - ebenso wie über seine Herzensneigungen - getäuscht hat; er geht zurück in seine Heimatstadt Zürich und nimmt ein Amt im öffentlichen Dienst an (Einfluß von Feuerbachs Philosophie: Hinwendung zur Realität); K. ist vor allem ein Meister der Novelle: *Die Leute von Seldwyla*: Zyklus von humorvoll erzählten Märchen und Geschichten zu gesellschaftskritischen Themen, darin: *Kleider machen Leute*; *Romeo und Julia auf dem Dorfe*; Höhepunkt der Rahmennovellistik: *Das Sinngedicht*.

Meyer
Conrad Ferdinand
1825-1898

Schweizer Erzähler und Lyriker aus einer wohlhabenden Züricher Familie; schwermütig-depressiver Autodidakt (1852 vorübergehend, ab 1892 endgültig in einer Heilanstalt); beschreibt in seinem Werk histor. Gestalten aus dem MA oder der Renaissance in Konfliktsituationen; das dramat. Geschehen wird durch psychologischen Perspektivismus sowie durch Einkleidung in Rahmenerzählungen relativiert; Verserzählung *Huttens letzte Tage*: Verherrlichung des künstlerischen Kämpfers; sehr erfolgreicher Roman *Georg Jenatsch*: streitbarer Pfarrer und Patriot; Novellen: *Die Versuchung des Pescara*; *Die Hochzeit des Mönchs*; *Die Richterin*; *Gustav Adolfs Page*; *Das Amulett*; heitere Erzz. sind bei M. die Ausnahme: *Der Schuß von der Kanzel*; *Gedichte*: Slg. histor. Balladen, Romanzen, gleichnishafter Stimmungsbilder - z.B. *Der römische Brunnen*; Die Lyrik M.s weist auf den Symbolismus voraus.

Scheffel
Joseph *Viktor*
(ab 1876 von S.)
1826-1886

Jurist aus Karlsruhe, Verf. des romantisierenden Versepos *Der Trompeter von Säckingen*; die mit Humor und sentimentalen Liedern (Kater Hiddigeigei; „Behüt dich Gott, es wär so schön gewesen") gewürzte Liebesgeschichte wurde äußerst populär (140 Auflagen); Sch.s. Gedicht-Slg. *Gaudeamus* enthält launigausgelassene und weinselige Lieder („Als die Römer frech geworden"); sein Hauptwerk, der Roman *Ekkehard* thematisiert eine Geschichte aus dem 10. Jh.: Der Mönch Ekkehard verliebt sich leidenschaftlich in seine Lateinschülerin, die Herzogin Hadwiga; aber seine Liebe muß unerfüllt bleiben und in Entsagung enden. Zu Sch.s Lebzeiten erreichte das Werk 90 Auflagen.

Autodidakt aus dem Braunschweigischen; nach abgebrochener Buchhändlerlehre Gasthörer an der Universität von Berlin; Mitbegründer der nationalliberalen „Deutschen Partei" und, als erfolgreicher Berufsschriftsteller, entlarvender Humorist mit Hang zum romant. Idyll; seine Helden sind vorzugsweise kleine Leute, Enttäuschte, Sonderlinge; meist Rahmenerzählungen mit verschiedenen Zeitebenen und Perspektiven; Romane: *Die Chronik der Sperlingsgasse*: das Leben im Berliner Milieu aus der Sicht eines alternden Einsamen; Entwicklungsroman *Der Hungerpastor*: innere Erfüllung wichtiger als Glanz und Besitz; Zeitkritik in *Die Akten des Vogelsangs* und *Stopfkuchen*; R.s Alterswerk - langatmig im Stil und überreich an Zitaten - stellt hohe Anforderungen an den Leser.

Raabe
Wilhelm
(Pseudonym:
Jacob Corvinus)
1831-1910

Naturalismus

Anzengruber

Sudermann

Hauptmann

Holz

Nietzsche

Wedekind

Symbolismus
Wiener Moderne

Schnitzler

George

Hofmannsthal

Rilke

Musil

St. Zweig

Horváth

Autoren des ausgehenden 19. Jahrhunderts, die keiner Epoche oder literarischen Richtung zuzuordnen sind

Nietzsche
Friedrich Wilhelm
1844-1900

Pfarrerssohn aus Röcken bei Lützen (Sachsen); Philologe und Philosoph, dessen radikale Moralkritik die Kunst des Hinterfragens lehrt und eine Umwertung aller Werte fordert; N. entwickelte seine Hauptlehren von der „Ewigen Wiederkehr des Gleichen", vom (leicht mißzuverstehenden) „Willen zur Macht" und dem (ebenso leicht falsch zu verstehenden) „Übermenschen" in Romanform *Also sprach Zarathustra*: Der altiranische Religionsstifter (um 600 v. Chr.) ist hier Symbolfigur ohne Bezug zu seiner Lehre; er verkündet missionarisch - in parodistischer Anspielung auf Bibeltexte - N.s Visionen, z.B. daß Gott tot ist und daß der Kampf das Urprinzip des Lebens ist; weiter ausgebaut wird die Lehre in glänzenden Aphorismen-Slgg.: *Menschliches, Allzumenschliches*; *Die fröhliche Wissenschaft*; *Jenseits von Gut und Böse* u.a.; in seiner Erstlingsschrift *Die Geburt der Tragödie aus dem Geist der Musik* stellt er dem apollinischen Griechenbild der Klassik (Maß und Schönheit) eine dionysische Interpretation der Antike (Rausch und Kampf) entgegen, mit der sich nahezu alle Autoren des 20. Jh.s auseinandersetzten; wenige seiner Gedichte lösen den eigenen Anspruch als Dichter ein (*Dionysos-Dithyramben*); N.s Schaffen endete mit seinem körperlichen und geistigen Zusammenbruch 1889; sein klar pointierter, sentenzhafter Prosastil wirkte besonders auf die Expressionisten; seine Gedanken beeinflußten zahlreiche namhafte Autoren: Rilke, St. Zweig, Musil, Th. Mann, Benn, Hesse, Gide u.a.

Wedekind
Frank (eigtl. Benjamin Franklin W.)
1864-1918

Arztsohn aus Hannover, Werbetexter der Firma Maggi, Zirkussekretär, Schauspieler, Dramaturg; Mitautor der satir. Wochenschrift „Simplicissimus" und Mitredakteur des Münchner Kabaretts „Die Elf Scharfrichter"; zu Beginn des 20. Jh.s einer der meistgespielten Dramatiker; gilt mit seinen aus scheinbar disjunktiven Teilen (Tanz, musikal. Einlagen, Versatzstücke aus Varieté und Zirkus etc.) montierten, bewußt anti-naturalistischen Dramen als Vorläufer und Anreger des Expressionismus; Hauptthemen W.s sind das (scheinmoralisch kaschierte) Problem der Sexualität und die Infragestellung aller Werte und Gewißheiten; Pubertätstragödie *Frühlingserwachen*; Doppel-Tragödie *Erdgeist* und *Die Büchse der Pandora*: Zentralfigur darin ist Lulu, der dämonisierte Geschlechtstrieb, das „wilde, schöne Tier" - Oper *Lulu* von Alban Berg; seine geistreichen, witzigen Gedichte und Bänkellieder karikieren Spießbürger und Obrigkeit (1899-1900 Haftstrafe wegen Majestätsbeleidigung).

Naturalismus (1880-1900)

1. *Kurzcharakteristik / Ausgangspunkt:* Rückbesinnung auf einige Postulate von „Sturm und Drang" sowie „Jungem Deutschland"; Ablehnung der gesellschaftlich affirmativen Literaturauffassung von Klassik und „Poetischem Realismus"; Einfluß von Zola, Dostojewski, Ibsen;
2. *histor. Hintergrund:* Blütezeit des polit. und wirtschaftl. Imperialismus; Entstehung sozialer Spannungen (Klassengesellschaft);
3. *literar. Zentren:* München und Berlin;
4. *wichtige Zeitschriften:* „Neue Deutsche Rundschau" / „Die Neue Rundschau";
5. *weltanschaul. Hintergrund:* Positivismus H. Taines (menschl. Verhalten durch Erbanlagen und Umweltfaktoren determiniert); Hochschätzung der Naturwissenschaften; Aufkommen des Sozialismus;
6. *literar. Umsetzung:* Programmatische Nachahmung von „Natur" und Wirklichkeit, die auf wirkungsvolle Illusion zielt; Einbeziehung des Häßlichen, Perversen und der gesellschaftl. Randschichten; Literatur als Aufklärungsarbeit: „wissenschaftliche" Detailbeobachtung statt idealistischer Deutung (mimetischer Stil / „Sekundenstil"); Begründung des „Konsequenten Naturalismus" durch Arno Holz;
7. *Themen:* der passive, „halbe" Held im Umfeld seines Milieus - als Versager, als Unterdrückter, als Verbrecher; schonungslose Offenlegung des Gefühls- und Trieblebens; Entlarvung der bürgerl. Lebenslüge;
8. *Lyrik:* tritt gegenüber den anderen Gattungen zurück; Versuche zur „Revolutionierung der Lyrik" durch A. Holz: Verzicht auf Reim, um den Rhythmus als tragendes Element zur Geltung zu bringen;
   Drama: Hauptphase der Epoche durch Dramen von G. Hauptmann bestimmt; Gründung der „Freien Bühne" in Berlin (Durchbruch des „Konsequenten Naturalismus");
   Prosa: psychologische Romane; reportagehafte Milieustudien;
9. *Nachwirkungen:* Einfluß auf Symbolismus und Expressionismus.

1800 **1900** **2000**

60 70 80 90　10 20 30 40 50 60 70 80 90　10 20 30 40 50 60 70 80 90　10 20 30

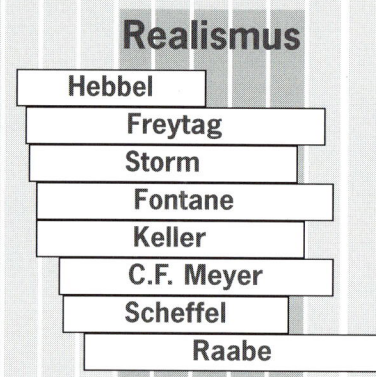

Realismus

| Hebbel |
| Freytag |
| Storm |
| Fontane |
| Keller |
| C.F. Meyer |
| Scheffel |
| Raabe |

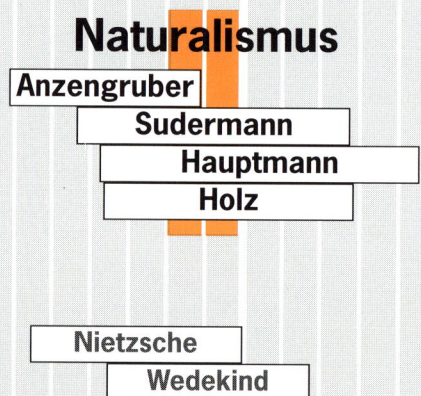

Naturalismus

| Anzengruber |
| Sudermann |
| Hauptmann |
| Holz |

| Nietzsche |
| Wedekind |

Wiener Schauspieler, Redakteur, Schreiber in einer Polizeikanzlei; sozialkritischer Volksaufklärer in der Tradition des Wiener Volkstheaters; seine humorvollen und lebensnahen Bauernstücke wenden sich gegen Frömmelei und religiöse Intoleranz (Einfluß von Feuerbachs Theologiekritik); schlichte, realist. Darstellung, z.T. in stilisiertem Dialekt; A.s Drama *Der Pfarrer vom Kirchfeld* machte ihn sofort berühmt: vergeblicher Kampf eines Dorfpfarrers gegen die Unduldsamkeit des Klerus; *Der Meineidbauer*: Selbstbetrug aufgrund kirchl. Erziehung; *Die Kreuzlschreiber* (nach Aristophanes' *Lysistrata*); *Der G'wissenswurm*; *Das vierte Gebot*; nüchterne, detailgetreue Charakterisierung der Dorf- bzw. Vorstadtverhältnisse; A.s Themen und seine Milieustudien weisen auf den Naturalismus Ibsens und Hauptmanns voraus.

Anzengruber
Ludwig
1839-1889

Ostpreußischer (Chef-)Redakteur beim „Deutschen Reichsblatt", galt in Dtl. bis etwa 1900 als *der* naturalistische Dramatiker (neben Hauptmann); verbindet in seinen gesellschaftskritischen Dramen naturalistische Stilmittel mit Effekthascherei; sein Schauspiel *Die Ehre* (spektakulärer Bühnenerfolg in Berlin) thematisiert die sittliche Verkommenheit in zwei verschiedenen Gesellschaftsschichten (Vorderhaus / Hinterhaus); sein erfolgreichstes Stück, *Heimat*, stellt auf ebenso bühnenwirksame wie melodramat. Weise das Recht der Frau auf Selbstverwirklichung heraus (mit Sarah Bernhard, Eleonora Duse oder - im Film - Zarah Leander als Hauptdarstellerinnen); Heimatromane und Erzählungen; S.s Dramen wurden - z.B. von Alfred Kerr - schon zu seinen Lebzeiten heftig kritisiert.

Sudermann
Hermann
1857-1928

Schlesischer Gastwirtssohn, der zunächst Bildhauer werden wollte, in Jena ein Studium der Naturwissenschaften und Philosophie aufnahm, sich aber schließlich der Literatur zuwandte; bedeutendster Vertreter des Naturalismus in Dtl.; seine Dramen - vorwiegend Tragödien - thematisieren häufig Konfliktsituationen, in denen das Triebhafte im Menschen, z.B. der dämonische Hang zum Verbrechen, in Gegensatz zur bürgerl. Sitte geraten; H. steht dabei auf der Seite

Hauptmann
Gerhart
1862-1946

der kleinen Leute, der Benachteiligten, der „halben Helden"; in seinem Erstlingswerk, der Novelle *Bahnwärter Thiel*, wird die der Ehefrau sexuell hörigen Titelfigur in den Wahn und zum Mord getrieben; Durchbruch des Naturalismus mit H.s Erstlingsdrama *Vor Sonnenaufgang*, einer Tragödie im schlesischen Kohlerevier: Eine Frau wird von ihrem Geliebten verlassen, als er von der erblichen Belastung der Familie erfährt; *Die Weber*: ursprünglich im schlesischen Dialekt abgefaßte Milieustudie zum gescheiterten Weberaufstand von 1844 - begründete H.s Weltruhm: Ein erschütterndes Bild vom Elend der schlesischen Weber, die sich nach Einführung des maschinellen Webens ihrer Arbeit beraubt sehen und sich gegen den Arbeitgeber erheben; H. mußte sich wegen der polit. Brisanz seines Stückes später vor Gericht verantworten; *Der Biberpelz*: Diebeskomödie in der Art von Kleists *Zerbrochenem Krug*; Tragikomödie *Die Ratten*; *Rose Bernd*: Kindesmörderin als Opfer gesellschaftl. „Moral"; *Fuhrmann Henschel*: untreue Ehefrau treibt ihren Mann in den Selbstmord; *Hanneles Himmelfahrt*: mystische Fiebervisionen eines zu Tode gequälten Kindes; *Und Pippa tanzt!*: Verarbeitung schlesischer Märchen u.a.; Romane, Versepen; 1912 Nobelpreis; in der Weimarer Republik wurde H. als Repräsentant dt. humanist. Geistes wie ein „Dichterfürst" verehrt; zum Nazi-Regime ging er auf Distanz und zog sich auf Themen der griech. Mythologie zurück: Alters-Klassizismus.

Holz
Arno
1863-1929

Aus Ostpreußen stammender Redakteur in Berlin; Begründer des „Konsequenten Naturalismus"; trat anfangs zusammen mit Johannes Schlaf (1862-1941) unter dem Pseudonym Bjarne P. Holmsen an die Öffentlichkeit; theoret. Erfassung der Wirklichkeit nach der Formel „Kunst = Natur - x" (wobei x für die Reproduktionsbedingungen, insbesondere die Subjektivität des Künstlers und seine Darstellungsmittel steht); praktische Erfassung derselben in minuziösem „Sekundenstil" (Erzählzeit = erzählte Zeit); zu H.s Stilmitteln gehört vor allem die genaue Wiedergabe milieubedingten Sprechens einschließlich Redensarten, Stöhnlauten, Stummelsätzen; richtungsweisend der gemeinsam mit J. Schlaf verfaßte Novellenband *Papa Hamlet*: Die Titelnovelle handelt von Elend und Tod eines trunksüchtigen Schauspielers; Dramolett *Familie Selicke*: erschütterndes Kleinbürgerelend; in seiner Lyrik verzichtet H. auf konventionelle Reim- und Strophenformen, um den „inneren Rhythmus" des Gegenstandes zu erfassen; sein Hauptwerk, die umfangreiche Gedicht-Slg. *Phantasus*, wurde mit ihrer eigenen Sprache Anreger moderner experimenteller Lyrik (Expressionismus); populär wurde die (auf parodistische Weise in barocker Sprache geschriebene) Gedicht-Slg. *Dafnis*.

Nietzsche

Wedekind

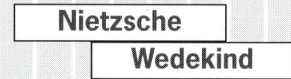

Symbolismus
Wiener Moderne

Schnitzler

George

Hofmannsthal

Rilke

Musil

St. Zweig

Horváth

Morgenstern

H. Mann

Th. Mann

Hesse

Feuchtwanger

Broch

Jahn

E. Jünger

Zuckmayer

Doderer

Brecht

Kästner

Symbolismus / Impressionismus / Wiener Moderne (1890-1920)

1. *Kurzcharakteristik / Ausgangspunkt:* Gegenströmungen zu Realismus und Naturalismus; Hinwendung zum Irrationalen; Vermittlung der frz. Symbolisten (Baudelaire, Rimbaud, Verlaine) durch Stefan George;
2. *histor. Hintergrund:* Wilhelminische Ära; beginnende Arbeiterbewegung; Erster Weltkrieg (1914-1918); November-Revolution 1918;
3. *literar. Zentren:* Wien, Berlin, München;
4. *wichtige Zeitschriften:* „Pan", „Die Insel", „Die Fackel"; „Blätter für die Kunst" (George-Kreis);
5. *philos. Hintergrund:* Schopenhauers pessimistische Weltsicht; Nietzsches Kulturkritik; Dekadenz-Bewußtsein; Fin de siècle-Stimmung; aristokratisch-konservative Tendenz;
6. *literar. Umsetzung:* subtile Schilderung von Empfindungen, Leidenschaften, Träumen - das eigentliche Erzählen einer Geschichte wird dagegen zweitrangig; stilistische Brillanz im Gegensatz zur nüchternen Kargheit des Naturalismus; literar. Jugendstil (kunstvoll arrangierte Verfeinerung); „l'art pour l'art": Ablehnung aller gesellschaftl. Funktionen von Kunst;
7. *Themen:* Gefühlsschattierungen, Traumwelten; „halbe Helden"; Liebe und Tod; Interesse an allem Irrationalen;
8. *Lyrik* hat eine bevorzugte Stellung (Rilke); gebundene Formen; parodistische und Nonsens-Lyrik;
   Drama: meist völlig undramatische Einakter und Dramolette (innere Monologe, Stimmungsbilder); Episodendramen (Höhepunkt: Schnitzlers *Reigen*); Entstehung des literar. Kabaretts mit Sketchen und Song-Balladen (vgl. Wedekind);
   Prosa: Erzählungen, in Einzelbeschreibungen und Stimmungsbilder zerfließend; Märchen;
9. *Nachwirkungen:* gleichzeitige - epigonale - Strömungen: Neuromantik, Neuklassik und Heimatkunst.

Schnitzler
Arthur
1862-1931

Wiener Arzt, Dramatiker und Erzähler; gilt neben Hofmannsthal als wichtigster Vertreter der „Wiener Moderne"; deckt in seinen literar. Werken schonungslos das menschl. Triebleben auf; in der Szenenfolge *Anatol* porträtiert er den Typ des dekadenten, leichtsinnigen Melancholikers; diesem wird im Schauspiel *Liebelei*, das die Tradition des bürgerl. Trauerspiels fortsetzt, der Typus des wahren Liebenden gegenübergestellt; als Höhepunkt impressionistischer Episodendramatik gilt der *Reigen*: Serie von Verführungsszenen, in denen die Gewalt des Sexus zum Ausdruck gebracht wird; das Stück erregte einen Skandal - auch Jahre später, als es verfilmt wurde; *Professor Bernhardi*: Komödie über den dt. Antisemitismus; die Erzählungen *Leutnant Gustl* und *Fräulein Else* verwenden das Stilmittel des assoziativen inneren Monologs.

George
Stefan
1868-1933

Aus dem Rheinland stammender symbolistischer Lyriker ohne festen Wohnsitz oder „Brotberuf", vermittelte die Lyrik der frz. Symbolisten nach Dtl. (persönliche Bekanntschaft mit P. Verlaine, S. Mallarmé); vertrat eine priesterlich-weihevolle Kunstauffassung und einen radikalen Ästhetizismus (der über „l'art pour l'art" noch hinausgeht): das ganze Leben als Kunstwerk; Anspruch des Dichters als Erzieher zu geistigem Adel; G. umgab sich im elitären „George-Kreis" mit Verehrern und Mitarbeitern (Dichtern, Künstlern, Wissenschaftlern); vergebliches Werben um die Gunst des jungen Hugo von Hofmannsthal; Hg. der programmat. Zeitschrift „Blätter für die Kunst"; seine „hohe" Lyrik, im Gegensatz zum herrschenden Naturalismus als kultische Lesung oder als kostbarer (Privat-)Druck mit eigener Schrifttype inszeniert, ist gekennzeichnet durch artistische Strenge und bildhafte Visionen - eines seiner berühmtesten Gedichte: *Komm in den totgesagten park und schau*; Slgg.: *Algabal*; *Das Jahr der Seele*; *Der Teppich des Lebens*...; *Der siebente Ring* (darin Gedichte an „Maximin", den verstorbenen 14jährigen Freund Maximilian Kronberger); *Das neue Reich*: Wiedergeburt Dtl.s als eines neuen Hellas im Sinne Hölderlins - von den Nazis zu propagandistischen Zwecken bewußt mißverstanden; Übersetzungen von Pindar, Sophokles, Shakespeare, D'Annunzio, Rimbaud, Verlaine.

Hofmannsthal
Hugo von
1874-1929

Universal gebildeter Wiener Lyriker, Dramatiker und Erzähler, der bereits als 17jähriger Schüler (unter dem Pseudonym „Loris") Lyrik veröffentlichte; seine frühen Gedichte und Dramolette im Stil des Fin de siècle begründeten seinen Ruhm und das Klischee vom weltfernen Ästheten: *Terzinen über die Vergänglichkeit*; *Ballade des äußeren Lebens*; Versdrama *Der Tor und der Tod*; das für das 20. Jh. prägende Problem der Sprachskepsis thematisiert H. in seinem bekannten Chandos-Brief (*Ein Brief*); später wandte er sich dem „Sozialen" und der Antike zu, die er aus einem modernen, unklassischen Blickwinkel (Nietzsche, Freud) betrachtet; Erzz.: *Das Märchen der 672. Nacht* u.a.; Lustspiel *Der Schwierige*; langjährige Zusammenarbeit mit Richard Strauss, für dessen Opern er die Libretti schrieb: *Elektra, Arabella, Ariadne auf Naxos, Der Rosenkavalier, Die Frau ohne Schatten*; H. ist - zusammen mit Max Reinhard und R. Strauss - Mitinitiator der „Salzburger Festspiele", für die er das mittelalterliche Mysterienspiel *Jedermann* („Spiel vom Sterben des reichen Mannes") und *Das Salzburger Große Welttheater* schrieb (allegorisches Spiel über die Erschaffung der sozialen Ordnung - nach dem Vorbild von Calderons *Großem Welttheater*).

Rilke
Rainer Maria
(eigtl. René M.R.)
1875-1926

Weitgereister österr. Lyriker aus Prag; seine Gedichte sind geprägt von suggestiven Bildern, melodiöser Rhythmik und „magischem" Reimzauber; *Buch der Bilder*: stimmungsvolle Impressionen, Versenken in Menschen und Dinge; *Das Stundenbuch*: Bekenntnisse und Gebete eines russ. Mönchs (poetischer Niederschlag zweier Rußlandreisen mit Lou Andreas-Salomé); *Neue Gedichte*: durch geduldiges Anschauen der Natur zur Erkenntnis ihres Wesens und zur sprachlichen Neuschöpfung gelangen (Einfluß Rodins, dessen Schülerin Clara Westhoff R. heiratet und dessen Privatsekretär er später zeitweise wird) - am bekanntesten: *Der Panther* (Übergang zum „sachlichen" Dinggedicht); als dichterischer Höhepunkt gelten die *Duineser Elegien*: zehn elegisch-hymnische Visionen der „erhabenen" Welt, an Klopstock u.a. orientiert; Gegenstück dazu: *Sonette an Orpheus*: hymnischer Jubel und Lebensbejahung; autobiograph. Tagebuch-Roman *Die Aufzeichnungen des Malte Laurids Brigge*: ein armer Dichter in Paris, ohne Kraft für ein künstlerisches Werk (gedankliche Anlehnung an Goethes *Werther*); umfangreicher Briefwechsel (stets im Hinblick auf spätere Veröffentlichung geführt) und zahlreiche nachdichtenden Übersetzungen aus diversen Sprachen.

Musil
Robert,
(eigtl. R. Edler von M.)
1880-1942

Erzähler und Essayist aus Klagenfurt; Offizier im Ersten Weltkrieg; Zeitungsredakteur; 1938 Emigration in die Schweiz; er gilt als einer der Hauptrepräsentanten moderner deutschsprachiger Romankunst; *Die Verwirrungen des Zöglings Törless*: Ich-Findung eines sensiblen Knaben im Internat inklusive sadistischer und homoerotischer Erfahrungen; M.s Hauptwerk, der unvollendete 1600 Seiten-Roman *Der Mann ohne Eigenschaften*, verzichtet auf eine lineare Handlung, verzweigt sich statt dessen zu zahlreichen Handlungskomplexen und reflexiven Passagen: Der Titelheld führt eine Existenz als distanzierter intellektueller Beobachter, als „Möglichkeitsmensch", der sich, vom Unbewußten gehemmt, nicht entscheiden kann; Erlösung aus dieser modernen Zersplitterung des Individuums gewährt vorübergehend der „andere Zustand" - z.T. als mystische Entrückung, z.T. als inzestuöse Liebe zur Zwillingsschwester dargestellt.

Zweig
Stefan
1881-1942

Weitgereister, kosmopolitischer Wiener Prosaschriftsteller und Vermittler zwischen den Kulturen; emigrierte 1934 und ließ sich 1941 in Brasilien nieder; sein Frühwerk ist dem Wiener Impressionismus und der Neuromantik verpflichtet; schrieb zahlreiche Novellen, die hohe Auflagen erreichten; berühmt: *Schachnovelle*: im Mittelpunkt ein aus dem KZ entronnener Arzt; Z.s Kunst der pointierten Darstellung historischer Gestalten und Ereignisse schlug sich in vielen Biographien sowie seinem meistgelesenen Buch, *Sternstunden der Menschheit* nieder (biograph. Essays); mit seinem an Freud geschulten psychologischen Scharfblick hinterfragt er Seelenzustände, beleuchtet Motive und Hintergründe in „geschichtsträchtigen Momenten": *Baumeister der Welt; Triumph und Tragik des Erasmus von Rotterdam; Balzac, Dostojewski, Nietzsche, Dickens* u.a.; Z.s. Werke wurden in mehr als 30 Sprachen übersetzt; die Geschehnisse in Europa und die Bitterkeit des Exils waren der Anlaß für Z.s. Freitod, den er 1942 gemeinsam mit seiner zweiten Ehefrau suchte.

Österr. Dramatiker und Erzähler ungarischer Abstammung; 1938 nach Paris emigriert, dort durch Unfall ums Leben gekommen; in der Tradition des Wiener Volksstückes stehend, liefert er in seinen Dramen genaue Protokolle von Sprachduktus und Verhaltensweise des Spießertums; *Geschichten aus dem Wiener Wald*: demoralisierte Kleinbürger hinter der Maske der Biederkeit; *Kasimir und Karoline; Glaube, Liebe, Hoffnung*; auch in seinem Roman *Der ewige Spießer* widmet er sich der Entlarvung des Kleinbürgertums; seine Kriminalerzählung *Jugend ohne Gott* ist eine resignative Auseinandersetzung mit dem Faschismus; während der Studentenbewegung 1968 wurde H. wiederentdeckt und als moderner Klassiker gefeiert.

Horváth
Ödön (Edmund) von
1901-1938

1800　　**1900**　　**2000**

60 70 80 90　10 20 30 40 50 60 70 80 90　10 20 30 40 50 60 70 80 90　10 20 30

Symbolismus/Wiener Moderne

| Schnitzler |
| George |
| Hofmannsthal |
| Rilke |
| Musil |
| St. Zweig |
| Horváth |

Morgenstern
H. Mann
Th. Mann
Hesse
Feuchtwanger
Broch
Jahnn
E. Jünger
Zuckmayer
Doderer
Brecht
Kästner

Expressionismus

Döblin
Sternheim
Kaiser
Kafka
Benn
G. Heym
Trakl
Werfel

Autoren, die vorwiegend während der ersten Hälfte des 20. Jahrhunderts publiziert haben und keiner literarischen Richtung zuzuordnen sind

Morgenstern
Christian
1871-1914

Journalist, Lektor und Lyriker aus München; in seinen (zunächst nur für Freunde geschriebenen) *Galgenliedern* sowie in *Palmström* betreibt er durch absurd-grotesk wirkende Sprachspiele eine produktive Verfremdung der bürgerl. Wirklichkeit; seine „Umwortung aller Worte" geht auf Nietzsches „Umwertung aller Werte" zurück; M. gilt heute als Klassiker der Nonsenslyrik; mit seiner bildhaften Darstellung einiger Texte (z.B. das Figurengedicht *Die Trichter* und die berühmte Darstellung *Fisches Nachtgesang*) kann er als Vorläufer der „konkreten Poesie" bezeichnet werden; seine ernsthafte Lyrik (*Ich und Du*; *Wir fanden einen Pfad*) war weniger erfolgreich.

Mann
Heinrich
1871-1950

Lübecker Romancier und Essayist; Bruder von Thomas Mann; engagierter Kämpfer gegen dt. Spießertum, Nationalismus und Militarismus; 1930 zum Präsidenten der Sektion Dichtkunst der Preußischen Akademie der Künste gewählt; sein Roman *Professor Unrat...* (nach Verfilmung unter dem Titel *Blauer Engel* weltberühmt) demaskiert die Scheinmoral der Wilhelminischen Gesellschaft in satir. Überzeichnung, ebenso der große Publikumserfolg *Der Untertan* (später mit *Die Armen* und *Der Kopf* zur Romantrilogie *Das Kaiserreich* zusammengefaßt); als hoffnungsvolles Beispiel einer humanistischen Regentschaft sieht er den frz. Volkskönig Heinrich IV., dessen Leben er in zwei Romanen nachzeichnet; in vielen Essays tritt H. M. gegen den Krieg, für Demokratie und Völkerverständigung, insbesondere für eine deutsch-französische Aussöhnung ein, er gilt - im Gegensatz zu seinem Bruder Thomas Mann, mit dem er sich deshalb zeitweise zerstritt - als Muster eines kritischen Oppositionellen, der in seinem erzählerischen wie essayistischen Werk zahlreiche Facetten des Kleinbürgerlichen demaskiert und in der Weimarer Republik als einer der führenden Intellektuellen anerkannt war; nach Verbot seiner Schriften und Emigration 1933 (nach Frkr., 1940 in die USA) wurde er jahrzehntelang entweder vergessen (BRD) oder zum antifaschistischen Vorbild stilisiert (DDR); histor.-polit. Autobiographie *Ein Zeitalter wird besichtigt.*

Mann
Thomas
1875-1955

Sohn einer Lübecker Kaufmannsfamilie und Bruder von Heinrich Mann; weltberühmter Repräsentant der dt. Prosaliteratur des 20. Jh.s; 1933 Emigration; ab 1944 amerikan. Staatsbürger; 1952 Rückkehr in die Schweiz; anknüpfend an die realist. Erzähler des 19. Jh.s (Tolstoi) gestaltete er - in einem konventionell-eloquenten Stil - ein umfassendes Romanwerk; Grundthema ist darin - in steter Auseinandersetzung mit Schopenhauer, Nietzsche, Freud - die Polarität von Künstler- und Bürgertum, von geistiger Verfeinerung und vitalen Urkräften des Lebens; bereits in seinem Romandebüt *Die Buddenbrooks* gestaltet Th. M. diesen Antagonismus und den daraus resultierenden Verfall einer Kaufmannsfamilie, der z.T. autobiograph. Elemente enthält; Fortführung des Dekadenz-Themas im Zeitroman *Der Zauberberg*: die Patienten eines Sanatoriums als Vertreter einer kranken, vom Tode bedrohten bürgerl. Gesellschaft; in der Romantetralogie *Joseph und seine Brüder* wendet sich Th. M. dem biblischen Mythos zu und dem darin sich manifestierenden „Immer-Menschlichen"; stark chiffrierte Autobiographie im Künstlerroman *Doktor Faustus*: Pakt mit dem Teufel zwecks gesteigerter Schaffenskraft; Schelmenroman *Bekenntnisse des Hochstaplers Felix Krull* (verfilmt); Novellen, u.a. *Tonio Kröger* (in der Slg. *Tristan*) und *Der Tod in Venedig* (homoerotisch grundierte Dekadenz- und Verfallsproblematik; verfilmt); in seinen kulturpolitischen *Betrachtungen eines Unpolitischen* vertritt Th. M. eine konservative, bürgerl.-humanist. Position; 1929 Nobelpreis (für *Die Buddenbrooks*).

Hesse
Hermann
1877-1962

weltbekannter Autor bekenntnishafter Romane und Erzählungen; als Sohn eines Missionspredigers floh er aus dem ev.-theologischen Seminar Maulbronn, lebte seit 1899 in Basel und wurde 1923 Schweizer Staatsbürger; seine Romane sind meist autobiograph. geprägte „Seelenbiographien"; sein schlichter, einprägsamer Erzählstil ist von Goethe und Keller beeinflußt; Grundmotiv zahlreicher Texte ist der Zwiespalt zwischen Kunst und Leben, Geist und Natur, Askese und Ausschweifung; *Siddharta*: modellhafter Lebensweg Buddhas als Alternative zur abendländischen Krise; *Der Steppenwolf*: schwierige Selbstfindung eines gemütskranken Außenseiters; *Narziß und Goldmund*: Freundespaar als Verkörperung der (väterlichen) Welt des Geistes bzw. derjenigen der (mütterlichen) Kunst; Altersroman *Das Glasperlenspiel*: Pflege aller geistigen und künstlerischen Disziplinen durch eine mönchische Elite; die Hauptfigur verliert sich jedoch nicht in der Isolation dieses utopischen Gelehrtenstaates, sondern findet den Weg zurück in die menschl. Gesellschaft und die damit verknüpfte soziale Verantwortung; weitere Werke: *Demian*; *Klingsors letzter Sommer* (Erz.); Gedichte; 1946 Nobelpreis.

Feuchtwanger
Lion
1884-1958

Münchner Theaterkritiker, Romancier und Dramatiker; 1933-1940 in frz., danach in amerikan. Exil; Mitherausgeber der in Moskau erschienenen Emigranten-Zeitschrift „Das Wort"; vorübergehend Zusammenarbeit mit B. Brecht, z.B. bei der Umarbeitung des Schauspiels *Warren Hastings* zu *Kalkutta: 4. Mai*; bedeutsam sind F.s histor. Romane, die - trotz sorgfältiger Recherchen - stets um Typisierung von Personen und Geschehnissen bemüht sind; seinen größten Erfolg feierte er mit dem Roman *Jud Süß*, der in der Verfilmung von Veit Harlan 1940 propagandistisch verzerrt wurde; als sein zentrales Werk gilt die *Josephus-Trilogie*: *Der jüdische Krieg, Die Söhne, Der Tag wird kommen*; auch in seiner Trilogie *Der Wartesaal* (*Erfolg, Die Geschwister Oppenheim, Exil*) setzt sich F. mit dem Nationalsozialismus auseinander.

Broch
Hermann
1886-1951

Wiener Textilfabrikant wider Willen; Beginn der schriftstellerischen Tätigkeit erst 1928, nach Aufgabe des väterlichen Textil-Unternehmens; 1938 Emigration in die USA; in seiner Romantrilogie *Die Schlafwandler* verfolgt er den Zerfall der bürgerl. Scheinwelt während der Wilhelminischen Ära; im dritten Teil bringt er darin auch lyrische und aphoristische Einsprengsel sowie einen längeren Essay über den *Zerfall der Werte*; in B.s zweitem großen Roman, *Der Tod des Vergil* - im Grunde ein langer innerer Monolog, in lyrischer Diktion abgefaßt -, geht es um die Fragwürdigkeit der Kunst; weitere Romane: *Die Verzauberung*; *Die Schuldlosen*; essayistische und publizistische Arbeiten im Kampf gegen das NS-Regime und für eine neue Weltdemokratie.

Jahnn
Hans Henny
1894-1959

Hamburger Orgelbauer, Dramatiker und Romancier; leitete aus seiner bisexuellen Neigung das Grundmotiv fast aller seiner Werke ab: eine Frau zwischen zwei (einander in homoerotischer Liebe zugetanen) Männern; schon das frühe, vom Expressionismus beeinflußte Drama *Pastor Ephraim Magnus* bricht mit allen erdenklichen Tabus bürgerl. Moralvorstellung; J.s Prosa ist voller Obsessionen - Inzest, Homosexualität, Sodomie, Angst und Grauen; sein Hauptwerk, der dreiteilige Roman *Fluß ohne Ufer*, greift konzeptionell auf archaische Mythen zurück und enthält eine Fülle einfühlsamer Beschreibungen skandinavischer Landschaften; weitere Prosabände: *Perrudja*; *Die Nacht aus Blei*; J. gründete um 1920 eine „Glaubensgemeinschaft Ugrino", die für einen von Konventionen befreiten Vitalismus eintrat, und 1950 die „Freie Akademie der Künste" in Hamburg, deren erster Präsident er wurde.

Jünger
Ernst
geb. 1895

Umstrittener Prosa-Schriftsteller aus Heidelberg, dessen Werk vier Epochen dt. Geschichte überschreitet; Teilnehmer beider Weltkriege als Offizier, ab 1941 im Stab des Militärbefehlshabers von Frankreich, 1944 wegen „Wehrunwürdigkeit" entlassen; in seinem berühmtesten Werk, dem Kriegstagebuch *In Stahlgewittern*, und seinem Essay *Der Kampf als inneres Erlebnis* vertritt er einen aristokratischen Heroismus (Einfluß Nietzsches); in weiteren Kriegstagebüchern wird mit ästhetisierender Sachlichkeit Protokoll geführt über den Frankreichfeldzug und die Okkupationszeit (*Strahlungen*); trotz seiner Distanz zum „plebejischen" Nazi-Regime Publikationsverbot 1945-1949; während der Weimarer Republik essayistisches Wirken für die „konservative Revolution", u.a. in der kulturtheoret. Abhandlung *Der Arbeiter*: Vision einer

Elite im aufopferungsvollen Kampf gegen Technisierung und Industrialisierung; als literarisch am bedeutsamsten wird J.s Erz. *Auf den Marmorklippen* angesehen: eine verkappte Auseinandersetzung mit der Gewalt des Nazi-Regimes, abgefaßt in der suggestiven Prosa eines „magischen Realismus".

Zuckmayer
Carl
1896-1977

Rheinhessischer Dramaturg und erfolgreicher Dramatiker; 1933 Publikationsverbot, Emigration und Exil; ab 1966 Schweizer Staatsbürger; Z. löst mit seinen realistischen, humanist.-sentimentalen Volksstücken das Tendenzdrama des Spätexpressionismus ab; darin zeigt er sich eher als weltfrommer Konservativer denn als Sozialkritiker: *Schinderhannes*; *Der Hauptmann von Köpenick*: histor. belegter Gaunerstreich gegen den preußischen Militarismus; *Des Teufels General*: Fliegergeneral zwischen NS-Regime und Widerstand - das Drama wurde zum meistdiskutierten Nachkriegsstück und ab 1963 vom Autor für dt. Bühnen gesperrt; Romane und Erzz. (u.a. *Die Fastnachtsbeichte*, verfilmt); Autobiographie *Als wär's ein Stück von mir*.

Doderer
Heimito von
1896-1966

Konservativer Prosaautor aus Wien; Teilnehmer des Ersten Weltkriegs als Offizier; während einer vierjährigen Kriegsgefangenschaft in Sibirien (1916-1920) entschied er sich für den Beruf des Schriftstellers (*Die sibirische Klarheit*); in seinen Romanen *Die Strudelhofstiege...* und *Die Dämonen* entwirft er ein figurenreiches Bild der Wiener Gesellschaft zwischen 1900 und 1927; damit begründet er seinen Ruhm als Repräsentant der österr. Nachkriegsliteratur; als Erzähler distanziert er sich von modernen Romankonzepten anderer Autoren (Joyce, Musil u.a.) und hält an einer durchgängigen, möglichst spannend erzählten Handlung fest; das Für und Wider des Zeitgeistes soll dabei nicht essayistisch erörtert, sondern durch die literar. Darstellung des Lebens geboten werden; weitere Romane: *Ein Mord, den jeder begeht* (Kriminalfall); *Die Merowinger...*: kauzige Groteske um einen Familientyrannen, der sein eigener Großvater wird; *Die Wasserfälle von Slunj*; Kurz- und Kürzestgeschichten.

Brecht

Bert
(eigtl. Eugen Bertold
Friedrich B.)
1898-1956

Augsburger Dramatiker, Dramaturg und Regisseur, der zeitlebens dem Marxismus nahestand (ohne jemals einer Partei beizutreten), 1933 emigrierte und 1949 nach Ost-Berlin zurückkehrte, wo er mit seiner Frau Helene Weigel das „Berliner Ensemble" gründete (Theater am Schiffbauerdamm); viele seiner Stücke - meist von ihm selbst inszeniert - erlangten Weltruhm; B. erweist sich darin als anti-bürgerl. Zeitkritiker und - insbesondere in seinen „Lehrstücken" - als „Erzieher" des Publikums; zentral für sein „episches Theater" ist das Prinzip der Verfremdung („V-Effekt"): Durch eingeschobene Lieder (am bekanntesten: „Mackie Messer"), Kommentierungen oder dergl., wird der vorschnellen Identifikation des Zuschauers entgegengearbeitet; die berühmte - an John Gays *Beggars* Opera orientierte - *Dreigroschenoper* (Musik von Kurt Weill) demaskiert die kapitalistisch-bürgerl. Gesellschaftsordnung; weitere, inzwischen „klassische" Dramen (von B. zu Lebzeiten - wie auch seine Gedichte und Prosastücke - beständig überarbeitet): *Mutter Courage und ihre Kinder*; *Der gute Mensch von Sezuan*; *Herr Puntila und sein Knecht Matti*; *Der Kaukasische Kreidekreis*; *Galileo Galilei*; *Baal*; *Trommeln in der Nacht*; *Aufstieg und Fall der Stadt Mahagonny*; Lyrik: derbe erotische Gedichte, Balladen, Bänkellieder und Moritaten; Slg. *Hauspostille*; Prosa: *Geschichten vom Herrn Keuner* und *Kalendergeschichten*.

Kästner

Erich
1899-1974

Journalist, Lyriker, Romancier und Kinderbuchautor aus Dresden; während der Nazizeit verboten, blieb aber in Dtl. (innere Emigration); nach 1945 Feuilletonredakteur und Mitglied des Münchner Kabaretts „Die Schaubude"; 1957-1962 Präsident des dt. PEN-Zentrums; Verf. volkstümlich-salopper „Gebrauchslyrik", gelegentlich im Berliner Jargon: *Herz auf Taille*, *Lärm im Spiegel* (gegen Militarismus, Faschismus, Spießbürgertum); Romane: *Fabian*: Satire auf einen moralistischen „Nichtschwimmer" im Strudel der Großstadt; *Drei Männer im Schnee*; am erfolgreichsten war K. mit seinen spannenden Kinderbüchern, die stets einen erzieherischen Hintergrund haben: *Emil und die Detektive*, *Pünktchen und Anton*, *Das fliegende Klassenzimmer*, *Das doppelte Lottchen* u.a.

Expressionimus (1910-1925)

1. *Kurzcharakteristik / Ausgangspunkt:* Aufbruchsbewegung; radikal-utopistische Gegenströmung zum deskriptiven Naturalismus; Bezeichnung wird 1911 durch Kurt Hiller von der bildenden Kunst auf die Literatur übertragen;
2. *histor. Hintergrund:* Krisenstimmung vor und während des Ersten Weltkriegs; Revolution 1918 und Weimarer Republik; Massenarbeitslosigkeit und Inflation (1923);
3. *literar. Zentren:* Berlin;
4. *wichtige Zeitschriften:* „Die Aktion", „Der Sturm", „Die weißen Blätter", „Der Brenner";
5. *weltanschaul. Hintergrund:* Aufbegehren gegen die ästhet. und moralischen Vorstellungen der bürgerl. Gesellschaft; „Expressionistischer Schrei" nach Intensität, Vitalität, nach einem „neuen Menschen" (Nachwirkung der Nietzsche-Lektüre); Pazifismus, Sozialismus;
6. *literar. Umsetzung:* Autor als Verkünder der neuen Welt; Ausdrucksstärke als Maßstab für die Kunst; Stil zwischen Visionär-Pathetischem und Groteskem; radikale Sprachexperimente bis hin zur Satzverstümmelung; polit. Engagement; Typisierung und Mythisierung literar. Figuren und Stoffe;
7. *bevorzugte Themen:* visionäre Erlebnisse; der Mensch im Kampf gegen übermächtige Gewalten;
8. *Lyrik:* Blütezeit der dt. Lyrik; Gefühlsüberschwang (anklagend oder verkündend); provokative Kabarett-Lyrik;
   Drama: lockere Abfolge visionärer Bilder („Stationendrama"); Personen als Ideenträger; kein Interesse an realist. Details; satir. Gesellschaftskomödien (Sternheim);
   Prosa: geringere Bedeutung von Roman und Novelle; Sprachartistik; philos. Einsprengsel oder Aussparungstechnik statt linearem Erzählen einer Geschichte; Verknappungen und Satzverkürzungen;
9. *Nachwirkungen:* Der Expressionismus war in der Nazizeit (1933-1945) als „entartete Kunst" verteufelt; noch heute ist er maßgebender Orientierungspunkt für die dt. Gegenwartsliteratur.

1800 **1900** **2000**

70 80 90　10 20 30 40 50 60 70 80 90　10 20 30 40 50 60 70 80 90　10 20 30

Morgenstern
H. Mann
Th. Mann
Hesse
Feuchtwanger
Broch
Jahnn
E. Jünger
Zuckmayer
Doderer
Brecht
Kästner

Expressionismus

Döblin
Sternheim
Kaiser
Kafka
Benn
Heym
Trakl
Werfel

Dadaismus

Ball
Arp
Schwitters

Neurologe aus Stettin, seit 1911 Arztpraxis in Berlin; engagierter Sozialdemokrat; Romancier, der - zus. mit Kafka - als Wegbereiter des modernen dt. Romans gilt, insbesondere mit seinem Welterfolg *Berlin Alexanderplatz*: Dieser erste deutschsprachige Großstadtroman schildert die Geschichte des strafentlassenen Arbeiters Franz Biberkopf, der ein neues, ehrliches Leben beginnen will, aber von der verbrecherischen Alltagsrealität daran gehindert wird; innovative Darstellungstechniken wie kaleidoskopartige Montage von Szenen, innere Monologe, Wechsel der Perspektiven und Sprachschichten; weitere, z.T. auf umfangreichen histor. Recherchen beruhende Romane: *Wallenstein*: Absurdität des machtbesessenen Handelns; *Die drei Sprünge des Wang-lun*: taoistisches Konzept des Nichthandelns; Erzz., u.a. *Die Ermordung einer Butterblume*; D. flüchtete 1933 nach Frkr, später in die USA; dort (1941) Übertritt vom Judentum zum Katholizismus; 1945 Rückkehr nach Dtl.

Döblin
Alfred
1878-1957

Bühnenwirksamer Dramatiker und Prosaautor aus Leipzig; gilt neben G. Kaiser als wichtigster Dramatiker des Expressionismus; in seinem Komödienzyklus *Aus dem bürgerlichen Heldenleben* (darin u.a. die Stücke *Die Hose, Bürger Schippel, Der Snob*) geißelt er Verlogenheit, Skrupellosigkeit, Triebhaftigkeit, Geldgier und Dünkel des Wilhelminischen Bürgertums, spürt dem Zusammenhang von Sprache und Bewußtsein nach und stellt der „betrügerischen" Umgangssprache eine eigene Kunstsprache entgegen (Inversionen, Verzicht auf Artikel); viele seiner Erzählungen faßte S. unter dem Titel *Chronik von des Zwanzigsten Jahrhunderts Beginn* zusammen; ab 1933 wurde sein gesamtes Werk verboten.

Sternheim
Carl
1878-1942

Kaufmannssohn aus Magdeburg, meistgespielter Dramatiker des Expressionismus, trotz seiner Erfolge lebenslang in Geldnot; seine Figuren sind Ideenträger, deren Sprache oft zum - für den Expressionismus typischen - Telegrammstil verkürzt ist; Themen: unheilvolles Streben nach Geld und Macht, Entwürdigung des Individuums in der Industriegesellschaft, Sehnsucht nach dem „neuen Menschen" (Einfluß von

Kaiser
Georg
1878-1945

Nietzsche); sein pazifistisches Erfolgsstück *Die Bürger von Calais*, mit dem ihm der Durchbruch gelang, demonstriert Selbstüberwindung und Opferbereitschaft; weitere Dramen: *Von morgens bis mitternachts*: ein kleiner Beamter wird durch seinen Selbstmord zum Märtyrer; Trilogie *Die Koralle*, *Gas* (der sozialrevolutionäre Versuch, Arbeiter von der seelenzerstörenden Fabrikarbeit zu befreien, scheitert an deren Herrsch- und Gewinnsucht), *Gas. Zweiter Teil*; 1933 wurden K.s Bücher von den Nazis verbrannt, und er erhielt Publikationsverbot; 1938 Emigration in die Schweiz.

Kafka,
Franz
1883-1924

Prager Versicherungsjurist; wahrscheinlich der weltweit bekannteste deutschsprachige Prosaautor des 20. Jh.s; thematisiert in karger, schmuckloser Sprache den vergeblichen Kampf des einzelnen gegen rätselhafte „dunkle" Mächte, die sich seinem Blick entziehen, ihn aber zunehmend in seinem Handlungsspielraum einengen - von der K.-Forschung z.T. psychoanalytisch, religiös, als Vorahnung des Surrealismus oder des Nazi-Terrors interpretiert; fast all seine Texte sind beherrscht von einer seltsamen, unspezifischen Bedrohung der Privatsphäre durch die labyrinthische Gegenwelt der „Moderne", für die sich die Umgangssprache das Adjektiv „kafkaesk" geprägt hat und die im Film vorzugsweise durch lange, halbdunkle Flure und Zimmerfluchten versinnbildlicht wird; Romane: *Der Prozeß*: ein unschuldig Angeklagter ergibt sich schließlich einer anonymen höheren Instanz und nimmt damit sein Todesurteil an; *Das Schloß*: ein Landvermesser bemüht sich vergeblich um Zulassung zur hermetisch-bürokratischen Schloßwelt; Fragment *Amerika*: Einsamkeit und Hilflosigkeit eines jungen Deutschen in Amerika; Erzz.: *Das Urteil*: Vater-Sohn-Konflikt; *Die Verwandlung*: Verwandlung eines Menschen in einen Käfer und deren entwürdigende Folgen; *In der Strafkolonie*: extreme Foltertechniken; *Ein Landarzt*; ein wichtiger Teil von K.s Werken wurde erst postum durch seinen Freund und Förderer M. Brod (1884-1968) veröffentlicht.

Arzt für Haut- und Geschlechtskrankheiten in Berlin; mit der Flugblatt-Slg. *Morgue* begann er als expressionist. Lyriker (krasse Bilder aus Leichenschauhaus und Sektionssaal in ebenso krasser, ungeschönter Sprache); in späteren Gedichten - Slg. *Statische Gedichte* - teilweise Rückkehr zu gebundenen Formen und „klassischen" Themen, im typischen, fremdwortdurchsetzten Parlandoton souverän gestaltet; im Gefolge Nietzsches Sehnsucht nach einer archaischen (dionysischen) Welt jenseits des belastenden Intellekts; einem lebenslangen elegischen Nihilismus setzt er das Streben nach dem Rauschhaft-Irrationalen entgegen; erzählende Prosa: Rönne-Novellen unter dem Titel *Gehirne* („absolute Prosa" als dichtes Reflexionsprotokoll); Autobiographie *Doppelleben*; dramat. Szenen, Prosaskizzen, Essays und Reden, darunter: *Probleme der Lyrik*; B. erhielt 1938 vom Nazi-Regime, mit dem er kurzzeitig sympathisiert hatte (Essay *Kunst und Macht*), Schreibverbot - er wählte die „aristokratische Form der Emigration" und ging als Oberstabsarzt in den Militärdienst.

Benn
Gottfried
1886-1956

Jurist aus Schlesien; bereits mit 25 Jahren (beim Schlittschuhlaufen) ums Leben gekommener Frühexpressionist; von Grabbe, Büchner und Rimbaud beeinflußt; verfaßte Großstadtlyrik zwischen Groteske und dämonischem Grauen mit besonderer Vorliebe für Irre, Kranke, Gefangene und alles Morbide; formal sind seine Gedichte gekennzeichnet durch das übergangslose Nebeneinander einzelner Bilder, inhaltlich durch das Bewußtsein, in einer Endzeit zu leben; zahlreiche Visionen der kommenden Weltkatastrophe in kraftvoll-realist. Darstellung; Gedicht-Slgg. *Der ewige Tag* und *Umbra vitae* (postum); Novellenband *Der Dieb*.

Heym
Georg
1887-1912

Schwermütiger Salzburger Militärapotheker; bahnbrechender Lyriker des Frühexpressionismus; Grundstimmung seiner streng strukturierten Gedichte ist das Leiden an der Welt, die Vergänglichkeit, das Gerade-noch-Sagbare am Rande von Traum und „sanftem Wahnsinn" (Einfluß von Rimbaud, Baudelaire, Heym); in traditionellen Formen oder in freien Rhyth-

Trakl
Georg
1887-1914

men abgefaßte Bilderreihen fügen sich zum Zyklus einer (in Ton und Motivfundus durchgängig komponiert erscheinenden) „Trakl-Welt"; Gedicht-Slgg.: *Gedichte*; *Sebastian im Traum* - darin *Der Herbst des Einsamen*; T. schrieb anfangs auch Dramen; als Lyriker wirkt er mit dem suggestiven Klang seiner bilderreichen Verse bis in die unmittelbare Gegenwartsliteratur hinein; T. starb nach einem Schock durch ein Kriegserlebnis an einer Überdosis Kokain.

Werfel
Franz
1890-1945

Österr. Lektor, Lyriker, Dramatiker und Romancier aus Prag; einer der Wortführer des Expressionismus und Mitherausgeber der Reihe „Der jüngste Tag"; z.Zt. der Weimarer Republik einer der meistgelesenen Autoren; 1938 Emigration nach Frkr., 1940 abenteuerliche Flucht über Spanien in die USA; steht zwischen jüd. und christl. Glaubenstradition; seine pathetisch-expressive Lyrik (*Der Weltfreund*; *Wir sind*; *Einander*) thematisiert in visionär-hymnischen Versen Daseinsbejahung, Brüderlichkeit und Erlösungssehnsucht; diverse expressionistische und histor. Dramen und zahlreiche Romane - *Die vierzig Tage des Musa Dagh*: leidvolles Schicksal der Armenier (wurde zum Trostbuch der Ghettojuden); *Verdi, Roman der Oper*; *Barbara oder die Frömmigkeit*; *Der veruntreute Himmel*; *Stern der Ungeborenen*; *Das Lied von Bernadette* (als Einlösung eines bei der Flucht abgelegten Gelübdes geschrieben) schildert das Wunder von Lourdes und machte W. weltbekannt (verfilmt).

Dadaismus (1916-1920)

1. *Kurzcharakteristik / Ausgangspunkt:* Spielerische Protestbewegung gegen alle naturalistische wie expressionistische Kunst, vor allem aber auch gegen bürgerl. Kultur im allgemeinen; nach dem Mitbegründer Hugo Ball steht die Bezeichnung Dada für „alberne Naivität und zeugungsfrohe Verbundenheit mit dem Kinderwagen";
2. *histor. Hintergrund:* s. Expresssionismus;
3. *literar. Zentren:* Zürich, Berlin;
4. *wichtige Zeitschriften:* „Dada-Almanach", „Merz";
5. *weltanschaul. Hintergrund:* Lächerlich-Machen jeder Art von verstandesmäßiger Welt-Erfassung zwecks zukünftigem Neuaufbau von „Kultur"; spielerische Sprachlust statt Sprach- und Kulturernst;
6. *literar. Umsetzung:* Provokation des Bourgeois und des bürgerl. Kunstverständnisses durch eine von grammatikalischen Regeln befreite Sprache; Vergnügen an un-sinnigen Sprachspielen, am Absurden, Grotesken, an bloßen Silbenklängen;
7. *Stoffe:* Collagen aus Bruchstücken des Alltags; Zufalls-Texte; synthetische Wort- oder Satzgebilde;
8. *Lyrik:* Dada funktioniert am überzeugendsten innerhalb der begrenzten Distanz eines Gedichtes; spektakulärer Auftritt Hugo Balls im „Cabaret Voltaire" Zürich mit Laut- und Klanggedichten (Vortrag inklusive Geräuschkulisse);
Drama: -
Prosa: Manifeste, Prosaminiaturen; theoret. Schriften und Novellen (R. Huelsenbeck);
9. *Nachwirkungen:* An Dadaismus und Surrealismus schließen später die Autoren der „Wiener Gruppe" an (F. Achleitner, H.C. Artmann u.a.); dadaistischer „Nonsens" z.T. in deutschsprachiger Popmusik wiederbelebt.

1800 **1900** **2000**

70 80 90   10 20 30 40 50 60 70 80 90   10 20 30 40 50 60 70 80 90   10 20 30

Expressionismus

| Döblin |
| Sternheim |
| Kaiser |
| Kafka |
| Benn |
| G. Heym |
| Trakl |
| Werfel |

Dadaismus

| Ball |
| Arp |
| Schwitters |

In Pirmasens geborener Mitinitiator und Hauptakteur des Dadaismus; zunächst Schauspieler, Dramaturg und Regisseur expressionistischer Stücke (Wedekind); 1916 Gründung des pazifistischen, antibürgerlichen „Cabaret Voltaire" in Zürich - zusammen mit R. Huelsenbeck, H. Arp u.a. -, das zum Sammelpunkt der Dadaisten wurde: Abkehr von der verstandesmäßigen Erfassung der Welt; Schaffung einer ungegenständlichen Lyrik analog zur ungegenständlichen (abstrakten) Kunst; vorgetragene *Laut- und Klanggedichte* orientieren sich an Träumen, am Unbewußten und am Zufallsprinzip; sie sollen Sprache als Lautmalerei neu erfahrbar machen; B. wandte sich in seinen letzten Lebensjahren einem strengen Katholizismus zu (*Byzantinisches Christentum*) und schrieb eine berühmt gewordene Biographie seines Freundes Hermann Hesse.

Ball
Hugo
1886-1927

Zweisprachig aufgewachsener Straßburger Schriftsteller, Maler und Bildhauer; lebte meist bei Paris oder in der Schweiz; schon früh kam er in Kontakt mit den Künstlern des „Blauen Reiters" (in München) und mit Picasso (in Paris); auf Einladung von H. Ball 1916 Mitbegründer des „Cabaret Voltaire" in Zürich; seine Gedichte sind paradoxe „Konfigurationen", rein sprachliche Assoziationsketten voller absurder Bilder, und bereiten damit den Boden für die „konkrete Poesie" nach 1945; Gedichtbände: *Die Wolkenpumpe, Der Vogel Selbdritt, Der Pyramidenrock, Weißt du schwarzt du*; etwa 1925 suchte Arp Anschluß an Surrealismus und Konstruktivismus; als Bildhauer trat er mit zahlreichen Reliefs, Marmor- und Bronze-Skulpturen hervor, wofür er nach dem zweiten Weltkrieg durch viele Auszeichnungen geehrt wurde.

Arp
Hans (Jean)
1887-1966

Maler und Lyriker aus Hannover; stellte als bildender Künstler vorwiegend Assemblagen aus Alltagselementen zusammen; beim Gestalten einer derartigen Komposition gab das zerschnittene Wort „Kommerz" Anlaß für die Bezeichnung „Merz-Kunst"; analog dazu entwickelte Sch. ab 1919 auch eine „Merz-Dichtung": unsinnige Textcollagen aus Worten, Satzteilen von Plakaten, Zeitungen oder Gesprächen, z.T.

Schwitters
Kurt
1887-1948

in veränderter Form; insbesondere das Gedicht *Anna Blume* aus dem gleichnamigen Gedichtband wurde als witzig-skurrile Persiflage auf kitschige Liebesgedichte begeistert aufgenommen und seinerseits oft parodiert; es gilt - ebenso wie die *Ursonate*, ein umfangreiches Lautgedicht unter Einbeziehung von Musik - als Pionierleistung der modernen Literatur; zahlreiche Pamphlete und theoret. Schriften, die Sch.s Universalprogramm „Merz" - in scharfer Abgrenzung insbesondere von politischen Tendenzen der Dada-Bewegung - propagieren; Sch. emigrierte 1937 nach Norwegen und später nach England; er wird - wie Arp - als Vorläufer der „konkreten Poesie" angesehen.

Gruppe 47 (1947-1967)

1. *Kurzcharakteristik / Ausgangspunkt*: Keine formelle gesellschaftl. Vereinigung, sondern eine Gruppe von etwa 30 Schriftstellern und Redakteuren, die sich regelmäßig zu Lesungen und Diskussionen traf (Initiatoren Hans Werner Richter, Alfred Andersch u.a.); vertrat keinerlei literar. Programm, war aber nach den Erfahrungen des „Dritten Reiches" dezidiert antiautoritär und gesellschaftskritisch; starker Einfluß amerikan. Literatur;

2. *histor. Hintergrund*: Wiederaufbau von BRD und DDR; kalter Krieg; wirtschaftl. Wiederaufstieg Westdeutschlands; Wohlstandsgesellschaft;

3. *literar. Zentren*: -

4. *wichtige Zeitschriften*: „Merkur", „Akzente", „Texte und Zeichen", „manuskripte", „Kursbuch", „Sprache im technischen Zeitalter";

5. *weltanschaul. Hintergrund*: Neubelebung des polit. Bewußtseins und des literar. Lebens in der Bundesrepublik; Zielvorstellung einer demokratischen Elitenbildung;

6. *literar. Umsetzung*: uneinheitlich; Auseinanderdriften formaler wie inhaltlicher Interessen im Laufe der 60er Jahre;

7. *Themen*: Aufarbeitung der jüngeren dt. Vergangenheit; Teilung Deutschlands; Menschenschicksale; Gesellschaftskritik;

8. *Lyrik*: bildhafte Natur- und Gedankenlyrik in konventioneller Form („Trümmerlyrik", „Bewältigungslyrik"); daneben Techniken der „konkreten Poesie" als neues Ausdrucksmittel; (Strukturen aus Buchstaben, Silben oder Wörtern);
   Drama: eher Hörspiele (Günter Eich) als Dramen;
   Prosa: Romane, Erzählungen, Essays; Jahrbuch „Almanach der Gruppe 47";

9. *Nachwirkungen*: 1958-64 die „Wiener Gruppe" (Opposition gegen das erstarrte literar. Leben mittels Dada und Surrealismus) und ab 1961 die Dortmunder „Gruppe 61" (Ziel: künstlerische Auseinandersetzung mit der Arbeitswelt).

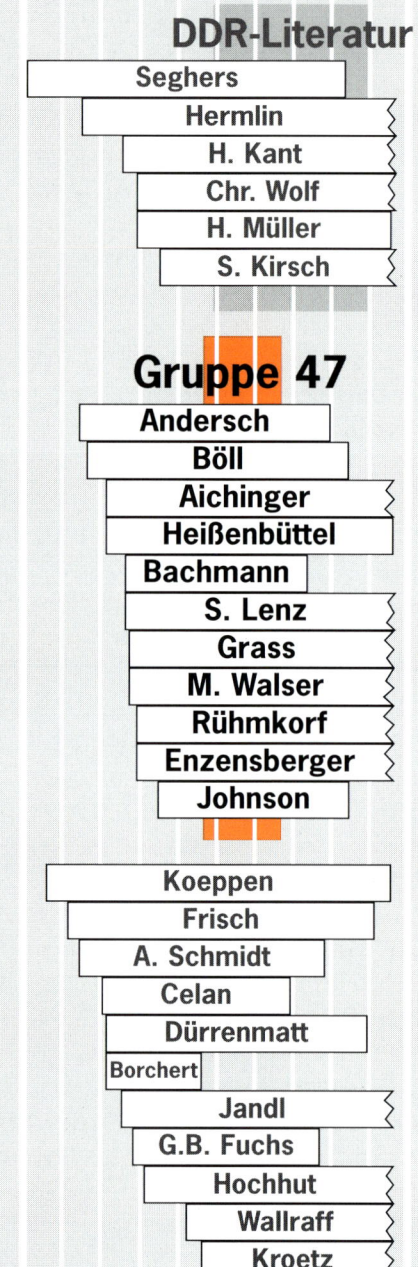

1800 **1900** **2000**

70 80 90   10 20 30 40 50 60 70 80 90   10 20 30 40 50 60 70 80 90   10 20 30

DDR-Literatur

Seghers

Hermlin

H. Kant

Chr. Wolf

H. Müller

S. Kirsch

Gruppe 47

Andersch

Böll

Aichinger

Heißenbüttel

Bachmann

S. Lenz

Grass

M. Walser

Rühmkorf

Enzensberger

Johnson

Koeppen

Frisch

A. Schmidt

Celan

Dürrenmatt

Borchert

Jandl

G.B. Fuchs

Hochhut

Wallraff

Kroetz

Weitgereister Werbetexter, Büroangestellter und Redakteur aus München; als Schriftsteller politisch engagiert - in seiner Jugend für die KPD (Haftstrafe im KZ Dachau); (Mit-)Herausgeber diverser Zeitschriften und Mitbegründer der „Gruppe 47", die großen Einfluß auf die Entwicklung der dt. Nachkriegsliteratur nahm; seit 1958 in der Schweiz ansässig, 1972 Schweizer Staatsbürger; A.s Hauptmotiv ist die Befreiung des Individuums von ideologischen oder konventionellen Fesseln und dessen Selbstverwirklichung in Freiheit (im Sinne J.-P. Sartres); im autobiograph. Bericht *Die Kirschen der Freiheit* begründet er seine („emanzipatorische") Fahnenflucht in Italien 1944; Romane: *Sansibar oder der letzte Grund*: Flucht aus dem Dritten Reich und damit aus jeglicher ideologischen Erstarrung; *Die Rote*: Ausbruch aus einer ungeliebten in eine selbstbestimmte Existenz; Erzählungen, Hörspiele, Essays, Reiseberichte, Übersetzungen.

Kölner Erzähler, der mit seinen Romanen, Erzählungen und publizistischen Veröffentlichungen die polit.-gesellschaftl. Entwicklung nach 1945 kritisch begleitete und damit zum international anerkannten Repräsentanten der dt. Nachkriegsliteratur wurde; als engagierter Sozialdemokrat und Teilnehmer der Friedensbewegung avancierte er - jenseits der breiten Rezeption seiner Werke - zur moralischen Autorität, die auch nicht vor zivilem Ungehorsam zurückschreckte; in seinen Romanen kritisiert er in schlichtem Stil die „Unfähigkeit zu trauern" (*Billard um halbzehn*), die westdeutsche Restauration im CDU-Staat (*Ansichten eines Clowns*), die unheilvolle Macht der Springer-Presse (*Die verlorene Ehre der Katharina Blum...*) und stellte dem in seinem Hauptwerk *Gruppenbild mit Dame* eine positive Utopie gegenüber; weitere Romane: *Und sagte kein einziges Wort*, *Haus ohne Hüter*, *Fürsorgliche Belagerung* u.a.; Erzz. - am bekanntesten *Doktor Murkes gesammeltes Schweigen*; B. war 1971-1974 Präsident des internationalen PEN-Clubs; 1972 Nobelpreis.

Aichinger
Ilse
geb. 1921

Wiener Schriftstellerin, Hörspielautorin, Lyrikerin; 1953-1972 verheiratet mit dem vor allem durch Gedichte und Hörspiele bekannten Schriftsteller Günter Eich (1907-1972); vielfach ausgezeichnetes Mitglied der „Gruppe 47"; wird zu den Nachkriegs-"Klassikern" der dt. Literatur gerechnet; ihr Roman *Die größte Hoffnung* beschreibt das Schicksal jüd. Kinder in Wien zur Zeit des Nazi-Regimes: Im Mittelpunkt steht ein Mädchen, das - wie die Autorin - Halbjüdin ist; A. ist vor allem als Verfasserin von Kurzgeschichten bedeutend; *Der Gefesselte*: sinnbildhafte Erzz. von der Fesselung des Menschen durch Angst, Wahnvorstellungen und Entfremdung; spätere Erzz. - *Eliza, Eliza* und *Schlechte Wörter* - treiben den Prozeß des sprachskeptischen Aussparens noch voran, verzichten meist auf eine lineare Handlung, deuten eher an als daß sie benennen, destruieren die Form ins Assoziativ-Suchende; Hörspiele und Dialoge: *Knöpfe*; *Zu keiner Stunde*; Gedichtband *Verschenkter Rat*.

Heißenbüttel
Helmut
1921-1996

Leiter der Abteilung „Radio-Essay" beim Süddeutschen Rundfunk (1959-1981) und Vertreter der „konkreten" und experimentellen Poesie; H.s Ziel - *Bewußtseins*veränderung durch *Sprach*veränderung - bedingt ein antigrammatikalisches Experimentieren mit Buchstaben, Silben und Wörtern, dem „konkreten" sprachlichen Material; entsprechend verfaßt er - jenseits traditioneller Gattungen wie Roman oder Lyrik - fortlaufend numerierte „Textbücher" und „Projekte"; *Textbuch 4*: graphisch angeordnete, z.T. aus Zitaten montierte Texte; *Projekt Nr.1. D'Alemberts Ende*: romanähnliche Collage aus diversen Gebrauchstexten, echten und veränderten Zitaten etc.; *Das Durchhauen des Kohlhaupts. 13 Lehrgedichte*; *Eichendorffs Untergang und andere Märchen*.

Bachmann
Ingeborg
1926-1973

Lyrikerin, Erzählerin und Hörspielautorin aus Klagenfurt, die mit einer Arbeit über M. Heideggers Existentialphilosophie promovierte und ihren Durchbruch mit einer Lesung bei der „Gruppe 47" hatte; wurde lange Zeit vornehmlich als Lyrikerin rezipiert; in ihren beiden Gedicht-Slgg. *Die gestundete Zeit* und *Anruf des großen Bären* malt sie in hart gefügten, kraftvollen Metaphern ein düsteres Bild von der Welt und von der Existenzbedrohung des Ichs; Roman *Malina*: Scheitern einer Liebe (verfilmt); Erzählungen *Das dreißigste Jahr*; Hörspiel *Der gute Geist von Manhattan*; Libretto für H.W. Henzes Oper *Der Prinz von Homburg*; der 1977 gestiftete Ingeborg-Bachmann-Preis, der jährlich in Klagenfurt vergeben wird, gilt der Förderung junger Autoren.

Lenz
Siegfried
geb. 1926

Ostpreußischer Erzähler; einer der erfolgreichsten dt. Nachkriegsautoren - nicht zuletzt deshalb, weil er am traditionellen Geschichten-Erzählen, unbeirrt von jeder experimentellen Moderne, festhält; in seinen Romanen schildert er in klarem, realist. Stil exemplarische Fälle der Auseinandersetzung des Individuums mit Problemen der Zeit und wirft dabei oft Fragen der Schuldverstrickung auf; mit dem Roman *Deutschstunde* (verfilmt) wurde er international bekannt; weitere Romane, Dramen und vor allem sehr konzise, an amerikan. Short stories geschulte Kurzgeschichten: *Jäger des Spotts*; in heiteren Erzz. aus seiner masurischen Heimat pflegt er seinen Ruf als volksnaher Humorist: *So zärtlich war Suleiken* (zwanzig Schelmengeschichten), *Der Geist der Mirabelle* u.a.

Grass
Günter
geb. 1927

Bildhauer, Graphiker, Erzähler, Lyriker, Essayist und Dramatiker aus Danzig, das in vielen seiner besten Texte den Ort der Handlung abgibt; gehört mit Uwe Johnson und Heinrich Böll zu den Exponenten der dt. Nachkriegsliteratur; engagierte sich wie letzterer für die SPD; wurde durch seinen Roman *Die Blechtrommel* schlagartig berühmt: ironisch-parodistische Autobiographie eines Zwerges, der sich hinter der selbstgewählten Kindesmaske verbirgt, um die Mechanismen der bürgerl. Gesellschaft nur desto gnadenloser zu durchschauen und mit grotesken Tabuverletzungen zu brüskieren; barocke Fabulierlust und bildkräftige Sprache, die in schonungslosem Detailrealismus ein schillerndes Bild der NS- und der Nachkriegszeit zeichnet; der Roman wird später mit der Novelle *Katz und Maus* und dem Roman *Hundejahre* zur *Danziger Trilogie* zusammengefaßt; weitere Romane: *Der Butt*: feministisch akzentuierte Geschichte von den Beziehungen der Geschlechter; *Die Rättin*: Visionen vom drohenden Untergang der Menschheit; *Ein weites Feld*: Aufarbeitung der dt.-dt. Wiedervereinigung; Drama *Die Plebejer proben den Aufstand*; Lyrik (z.T. mit Zeichnungen), Aufsätze und Reden; G. erhielt zahlreiche Auszeichnungen und stiftete den Alfred-Döblin-Preis; er ist international anerkannt, wird z.T. aber auch kontrovers diskutiert.

Walser
Martin Johannes
geb. 1927

Romancier und Dramatiker vom Bodensee; arbeitete nach seinem Studium zeitweise als Reporter, Redakteur und Hörspielregisseur (1949-1957); widmet sich in seinen Romanen der bürgerl. Wohlstandsgesellschaft im Nachkriegs-Dtl., in deren Mittelpunkt meist ein angepaßter Mittelstandsheld steht: auf ironische bzw. psychologisierende Weise deckt W. Gewinn- und Genußsucht, Hemmungslosigkeit und Unmoral seiner Antihelden auf, aber auch deren Beziehungslosigkeit, ständige Schuldgefühle und Versuche der Selbsttherapie; Romane: *Ehen in Philippsburg*; *Ein fliehendes Pferd*; Romantrilogie *Halbzeit*, *Das Einhorn*, *Der Sturz*; Hörspiele, Essays; Theaterstücke: *Zimmerschlacht*; *Überlebensgroß Herr Krott*.

Rühmkorf
Peter
geb. 1929

Aus Niedersachsen gebürtiger Lektor, polemischer Essayist und Lyriker; gilt als Meister des an Benn geschulten gesellschaftskritischen Zeitgedichts; seine frivol-lapidaren Verse bedienen sich vielfacher Montagetechniken, Wortspiele, Anspielungen und parodistischer Verdrehungen; R.s leichter Parlandoton, souverän zwischen Pathos und Selbstironie pendelnd, prägt seine Gedichtbände auf unverwechselbare Weise: *Heiße Lyrik*; *Irdisches Vergnügen in g*; *Haltbar bis Ende 1999*; Essays, Dramen, „aufgeklärte Märchen" (*Der Hüter des Misthaufens*), Autobiographie *Die Jahre die Ihr kennt*; große Beachtung fanden auch seine unverblümt schnodderigen Tagebücher *Tabu 1*.

Enzensberger,
Hans Magnus
geb. 1929

Weitgereister Lyriker, Essayist, Herausgeber und Übersetzer aus dem Allgäu; zeitweise Rundfunkredakteur und Lektor; mit seinen Texten wirkte er bis in die 80er Jahre als polit. engagierter Aufklärer, vorüber-

112

gehend vom linksradikalen Rand der Studentenbewegung aus; nach einem längeren Kuba-Aufenthalt Wendung zur Dokumentarliteratur (Revolutionsdrama *Das Verhör von Habana*); in seiner Lyrik begann er, gleichermaßen an G. Benn und B. Brecht orientiert, als „zorniger junger Mann" (*verteidigung der wölfe*; *landessprache*), näherte sich über die Form der lyrischen Reportage (*Mausoleum*) der Alltagssprache und einer damit verbundenen Versöhnung mit der Realität (*Zukunftsmusik*; *Kiosk*); Roman *Der kurze Sommer der Anarchie*; Versepos *Der Untergang der Titanic*; Hörspiel *Nacht über Dublin*; „Reiseführer" *Ach Europa!* E.s Bedeutung liegt vor allem in seinen zeitkritischen Essays und als Herausgeber der „Anderen Bibliothek", zweier Lyrikanthologien (*Museum der modernen Poesie* und - unter dem Pseudonym Andreas Thalmayer - *Das Wasserzeichen der Poesie*) sowie der Zeitschriften „Kursbuch" und „TransAtlantik".

Johnson, Uwe 1934-1984

Aus Mecklenburg gebürtiger Romancier, der 1959 nach Westberlin übersiedelte und die Teilung Dtl.s zum zentralen Thema seines literar. Schaffens machte; da er auch in der Bundesrepublik nicht das gesuchte „eigene Land" fand, ab 1974 in England ansässig; sein vierteiliger Groß-Roman *Jahrestage. Aus dem Leben der Gesine Cresspahl* gilt als eines der bedeutendsten Werke der dt. Nachkriegsprosa: Eine dt. Emigrantin, die mit ihrer Tochter nach New York gekommen ist und sich der Wirklichkeit des Weltgeschehens vor allem durch ausgiebige Zeitungslektüre versichert, durchlebt in der Rückschau NS- und DDR-Zeit in ihrer mecklenburgischen Heimat; „simultanes" Nebeneinander von Erinnerung und Alltagsgegenwart stilistisch umgesetzt durch Textmontagen, Zitate, ständige Perspektivenwechsel; die Glaubwürdigkeit des fiktiven Tagebuchs basiert auf J.s akribischen Recherchen, z.T. während seines zweijährigen New York-Aufenthaltes; weitere Romane: *Das dritte Buch über Achim*; *Mutmaßungen über Jakob*.

1800 **1900** **2000**

0 80 90   10 20 30 40 50 60 70 80 90   10 20 30 40 50 60 70 80 90   10 20 30

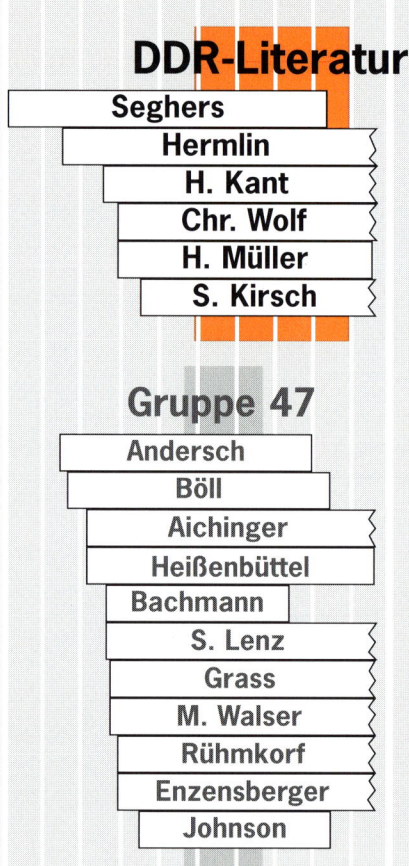

DDR-Literatur

Seghers
Hermlin
H. Kant
Chr. Wolf
H. Müller
S. Kirsch

Gruppe 47

Andersch
Böll
Aichinger
Heißenbüttel
Bachmann
S. Lenz
Grass
M. Walser
Rühmkorf
Enzensberger
Johnson

DDR-Literatur (1949-1990)

1. *Kurzcharakteristik / Ausgangspunkt:* weitgehend staatlich überwachte Literatur im Dienst des sozialistischen Realismus; dt. Klassiker als Vorbild („Vorwärts zu Goethe"); literar. Erneuerung durch westliche Einflüsse abgelehnt; Ausbildung sozialistischer Schriftsteller in Arbeiter- und Bauernfakultäten (ABF) bzw. im Literaturinstitut Johannes R. Becher in Leipzig;
2. *histor. Hintergrund*: Ost-West-Konflikt; DDR-Führung unter der Schirmherrschaft der UdSSR um polit., wirtschaftl. und kulturelle Stabilisierung bemüht; zunehmender Flüchtlingsstrom nach Westen; Grenzabsperrung und Berliner Mauer (1961);
3. *literar. Zentren*: Ost-Berlin, Leipzig;
4. *wichtige Zeitschriften*: „Sinn und Form";
5. *weltanschaul. Hintergrund*: Propagierung des sozialistischen Menschentypus; erzieherische Funktion von Literatur (vgl. Aufklärung); Abrechnung mit Krieg und Faschismus; Kampf gegen Kapitalismus und westliche Wohlstandsgesellschaft;
6. *literar. Umsetzung*: Anpassung oder Behandlung apolitischer Themen - selbst Bert Brecht wurde wegen seiner experimentierfreudigen Dramaturgie angegriffen; spektakuläre Überwachung von Christa Wolf durch den Staatssicherheitsdienst; Ausbürgerung von Wolf Biermann;
7. *Themen*: Vergangenheitsbewältigung; Alltag der Werktätigen (gemäß dem Bitterfelder Appell von 1959); Verhältnis des Individuums zur Partei oder zum Kollektiv; die Rolle der Frau;
8. *Lyrik*: formal konservativ; Naturlyrik; proletarisch-revolutionäre oder balladenhafte Lieder (Wolf Biermann);
   Drama: an Brecht anknüpfendes „episches Theater" (mit Verfremdungseffekt); Themen aus der Arbeitswelt; Agitations- und Propagandastücke („Agitprop"-Theater);
   Prosa: Erzählungen und Romane; Kinderbücher, Reisebeschreibungen; Übersetzungen.

Seghers
Anna (eigtl. Netty Radványi geb. Reiling)
1900-1983

Sozial engagierte Erzählerin aus Mainz; seit 1928 KPD-Mitglied, 1933 Emigration nach Mexiko; 1947 Rückkehr in die SBZ/DDR und dort hochgeehrte Funktionärin und Repräsentantin des Kulturbetriebes; in ihren sachlich-distanziert erzählten Romanen schildert sie die Zeit des Nationalsozialismus sowie der Emigration und tritt dabei stets für die sozial Benachteiligten oder Verfolgten ein; weltberühmt wurde sie mit dem Roman *Das siebte Kreuz*, der die Flucht von sieben KZ-Häftlingen schildert und dabei ein authentisches Bild Nazi-Dtl.s zeichnet; *Transit*: Schicksal von Flüchtlingen im frz. Exil; Erzz.: *Aufstand der Fischer von St. Barbara*; S.s Anpassungsversuche an die ästhet. Forderungen des Sozialistischen Realismus führten in ihrem Spätwerk zu einer Reihe schwächerer Romane.

Hermlin
Stephan
(eigtl. Rudolf Leder)
geb. 1915

Lyriker, Erzähler, Essayist aus Chemnitz; seit seinem 16. Lebensjahr engagierter Kommunist; ab 1936 antifaschistische Aktivität in der Emigration; nach 1947 vielfältiges Engagement im kulturellen Leben der DDR; H.s Lyrik ist von verschiedensten literar. Vorbildern angeregt, die er z.T. nachdichtend ins Deutsche übertrug; neben klassischen Themen wie Einsamkeit, Klage, Schmerz - *Zwölf Balladen von den großen Städten*; *Die Straßen der Furcht* - polit.-kämpferische Appelle (Verherrlichung Stalins!): *Der Flug der Taube*; auch H.s. novellistische Erzz. widmen sich überwiegend der Aufarbeitung des Faschismus und der Emigration: *Die Zeit der Einsamkeit*; *Zeit der Gemeinsamkeit*; *Die Kommandeuse* (sowohl in Ost- wie in West-Dtl. seinerzeit umstritten).

Kant
Hermann
geb. 1926

Redakteur, Erzähler und Essayist aus Hamburg; wurde in polnischer Kriegsgefangenschaft Lehrer einer Antifaschistenschule; polit. Feuilletonist beim „Neuen Deutschland", 1978 Präsident des Schriftstellerverbandes der DDR; ab 1986 Mitglied des Zentralkomitees der SED; in seinem autobiograph. Erfolgsroman *Die Aula* schildert K. auf witzig-unterhaltsame Weise seine Erlebnisse bei der Arbeiter- und Bauernfakultät Greifswald; weitere Romane: *Das Impressum*: Lebensgeschichte eines Aufsteigers in anekdotenhaften Erinnerungen; *Der Aufenthalt*: Frage nach der möglichen Mitschuld an Faschismus und Krieg; Erzählungen: *Ein bißchen Südsee* u.a.

Lektorin und Redakteurin aus Landsberg/Warthe (heute polnisch); Erzählerin mit zivilisations- und gesellschaftskritischer, zunehmend auch emanzipatorischer Tendenz; Durchbruch mit dem ersten DDR-Roman, der eine Flucht nach West-Berlin (kurz vor dem Mauer-Bau 1961) thematisierte: *Der geteilte Himmel* (verfilmt); heftige Diskussion in der DDR über W.s kaum verkappte Selbsterforschungsprosa *Nachdenken über Christa T.* (Recherchen zum Leben einer verstorbenen Freundin); *Kindheitsmuster*, die Nacherzählung einer Kindheit während der Nazi-Zeit, gilt als W.s Hauptwerk; weitere Prosabände: *Kein Ort. Nirgends*; *Kassandra*; *Medea*; W. wurde anfangs von der DDR-Führung hofiert, später vom Staatssicherheitsdienst überwacht; ihre autobiograph. Erz. *Was bleibt* gab Anlaß zu einem heftigen Literaturstreit über die Rolle des Schriftstellers im DDR-Staat.

Wolf
Christa
geb. 1929

Sächsischer Journalist, Dramaturg und experimentell-avancierter Dramatiker in der Nachfolge von B. Brecht; seine frühen „Produktionsstücke" befassen sich mit Problemen beim sozialist. Aufbau der DDR: *Der Lohndrücker*; *Die Korrektur*; die Offenlegung von Konflikten bei der Landreform in seinem Stück *Die Umsiedlerin* gab Anlaß für den Ausschluß M.s aus SED und DDR-Schriftstellerverband; in den „mittleren" Dramen Rückgriff auf antike Vorlagen zwecks indirekter Zeitkritik: *Philoktet*; *Ödipus, Tyrann*; die späteren Dramen werden zunehmend monologisierend, verzichten auf lineare Handlung und spielen mit offenen Formen (Zitate, Montage zerstückelter Einzelszenen), sie widmen sich der Aufarbeitung des „faschistischen Traumas" und der Korrektur des preußisch-deutschen Geschichtsbewußtseins: *Die Schlacht*; *Germania Tod in Berlin*; *Hamletmaschine*; M. will mit seinem Werk aufrütteln, zielt auf Veränderung; er gilt - obwohl z.T. heftig umstritten - auch im wiedervereinten Dtl. als einer der innovativsten Dramatiker.

Müller
Heiner
1929-1995

Kirsch

Sarah
(geb. Ingrid Bern-
stein)
geb. 1935

Biologin, Journalistin, Übersetzerin und Lyrikerin aus dem südlichen Harz; 1960-1968 verheiratet mit dem Schriftsteller Rainer Kirsch (geb. 1934); 1976 aus der SED ausgeschlossen, lebt sie seit 1977 in West-Berlin bzw. Schleswig-Holstein; gehört zu der während der 60er und 70er Jahre als „Sächsische Dichterschule" bezeichneten Gruppe (V. Braun, R. Kunze, W. Kirsten u.a.); ihre Gedichte kreisen in schlichter, leicht zugänglicher Form um Liebe, den Gegensatz von Stadt und Land und, vor allem, um die Natur selbst; Gedicht-Slgg. *Landaufenthalt, Zaubersprüche, Rückenwind, Erdreich, Katzenleben, Erlkönigs Tochter* u.a.; Prosa: *Die Pantherfrau. Fünf unfrisierte Erzählungen aus dem Kassetten-Recorder*: halbdokumentarische Gesprächsprotokolle, in denen das Recht der Frau auf Unabhängigkeit thematisiert wird.

Neue Innerlichkeit / Neue Subjektivität (ab 1975)

1. *Kurzcharakteristik / Ausgangspunkt:* Gegenreaktion jüngerer Schriftsteller auf die (mittlerweile flächendeckend erreichten) Zielsetzungen der „Gruppe 47"; statt politischem Engagement Wiederentdeckung des eigenen Ichs und der Privatsphäre (vgl. den Antagonismus von Jungem Dtl. und Biedermeier);

2. *histor. Hintergrund:* s. „Gruppe 47"; Fall der Berliner Mauer (1989) und Wiedervereinigung Dtl.s;

3. *literar. Zentren:* -

4. *wichtige Publikationsorgane:* s. „Gruppe 47";

5. *weltanschaul. Hintergrund:* nach einer Zeit massiver Protestbewegungen (Studentenrevolte 1968) nachlassendes Interesses an polit. Fragen;

6. *literar. Umsetzung:* Wiederentdeckung der Vielfalt menschl. Innenlebens; Sensibilität für existentielle Themen; Trendfiguren: Peter Handke, später Botho Strauss;

7. *Themen:* die Privatsphäre des einzelnen, Zukunftssorgen, Ängste aller Art, Ich-Umkreisung;

8. *Lyrik:* Lyrik-Boom in den späten 70er Jahren; kennzeichnend die Verbindung von pathetischen und saloppen Tönen;
   Drama: Übergang von politischen zu individuell-alltäglichen Themenstellungen; Hörspiele, Filme;
   Prosa: handlungsarme, aber reflektionsreiche Romane und Erzählungen; Autobiographien; Frauenliteratur;

9. *Nachwirkungen:* Ab Mitte der 80er Jahre fließende Übergänge in die „Postmoderne".

1800 **1900** **2000**

70 80 90   10 20 30 40 50 60 70 80 90   10 20 30 40 50 60 70 80 90   10 20 30

Koeppen
Frisch
A. Schmidt
Celan
Dürrenmatt
Borchert
Jandl
G.B. Fuchs
Hochhut
Wallraff
Kroetz

Neue Innerlichkeit

Th. Bernhard
Handke
B. Strauß

Gruppe 47

Andersch
Böll
Aichinger
Heißenbüttel
Bachmann
S. Lenz
Grass
M. Walser
Rühmkorf
Enzensberger
Johnson

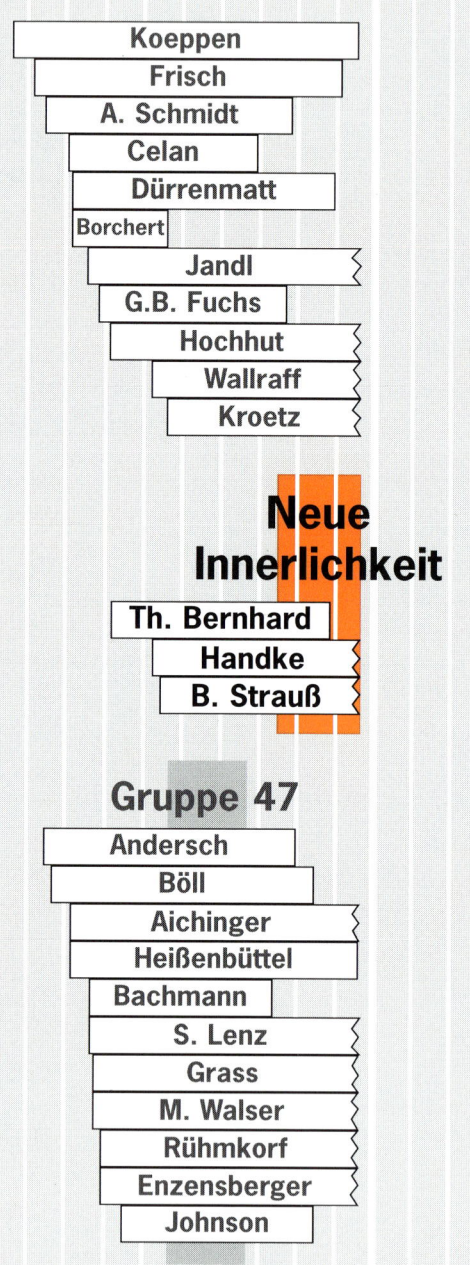

Österr. Dramatiker und Erzähler, der die Klischee-vorstellungen von einer „heilen Welt" durch provokante Übersteigerung ins Groteske zu entlarven und ad absurdum führen will; im Mittelpunkt seiner Texte stehen zumeist Gedemütigte, Krüppel oder Sonderlinge, die sich in Haß auf und im Kampf gegen die Gesellschaft aufreiben und letztlich dabei untergehen; Neigung zu aggressiven, superlativischen Wendungen; in seinen Romanen zeichnet B. eindringliche Bilder von Trostlosigkeit und Verzweiflung: *Frost*; *Verstörung*; *Das Kalkwerk*; *Holzfällen* (löste einen Literaturskandal aus); Anekdoten: *Der Stimmenimitator*; in autobiograph. Prosastücken (*Ein Kind*; *Die Ursache*; *Der Keller*; *Der Atem*; *Die Kälte*) stellt B. das Trauma seiner Jugenderlebnisse dar: Lieblosigkeit, Krankheit, Ausgrenzung; seine Theaterstücke bestehen fast ausschließlich aus Monologen und zeigen Menschen in ausweglosen Situationen: *Ein Fest für Boris*; *Der Weltverbesserer*; selbst seine „Komödien" sind von schockierender, grausamer Komik: *Die Macht der Gewohnheit*; *Alte Meister*.

Bernhard
Thomas
1931-1989

Erzähler, Dramatiker und Lyriker aus Kärnten; begann als sprachanalytischer Dramatiker mit einer Reihe von „Sprechstücken" (*Publikumsbeschimpfung*; *Kaspar*) und als Prosaautor, der mit allen linear-traditionellen Erzähltechniken bricht (*Die Hornissen*); wandelte sich seit 1970 zu einem, wenn nicht sogar zu *dem* Exponenten der „Neuen Subjektivität"; seither macht er in zunehmend konventionellen Erzählformen das innere Erleben und die Besinnung auf sich selbst zum zentralen Thema seines Werkes; vor allem in seiner Selbsterfahrungsprosa versteht er Kunst als Heilkraft für das gefährdete Ich wie auch für die ganze gefährdete Welt: *Die Angst des Tormanns beim Elfmeter* (verfilmt); *Der kurze Brief zum langen Abschied*; *Die linkshändige Frau* (verfilmt); *Langsame Heimkehr*; *Mein Jahr in der Niemandsbucht*; „Journale" (Aphorismen, kleine Notizen): *Das Gewicht der Welt* u.a.; H.s Remythisierung des Alltäglichen, seine autobiograph. fundierte Hinwendung zu literar. und philos. Klassikern, zur Heimat etc. wird z.T. als elitär-pathetische Flucht vor der

Handke
Peter
geb. 1942

konkreten Wirklichkeit kritisiert; Hörspiele, Filme, Übersetzungen; mit seinem Essay *Gerechtigkeit für Serbien* stieß H. in der literar. Öffentlichkeit Dtl.s auf Ablehnung.

Strauß
Botho
geb. 1944

Theaterkritiker, Redakteur, Dramatiker und Erzähler aus Naumburg; galt - neben F.X. Kroetz - während der siebziger Jahre als führender bundesdeutscher Dramatiker; seitdem zunehmend umstritten und als pathetisch-irrationaler Gegenaufklärer angefeindet; seine - oft in produktiver Anverwandlung einer mythologischen Struktur und unter Einbeziehung des Surrealen konzipierten - Dramen verzichten auf linearen Handlungsablauf, skizzieren vielmehr in fragmentierten Szenenfolgen ein kaleidoskopartiges Abbild der bürgerl. Nachkriegsgesellschaft, das die Vereinsamung und die krisenhafte Sensibilität des einzelnen zum zentralen Thema macht: *Bekannte Gesichter, gemischte Gefühle*; *Trilogie des Wiedersehens*; *Groß und klein*; *Der Park*; Prosa: *Paare, Passanten*; *Der junge Mann* (Roman).

Nachkriegsautoren, die keiner literarischen Richtung zuzuordnen sind

Erzähler, Essayist und Journalist aus Greifswald; gilt neben H. Böll als wichtigster bundesdeutscher Prosaautor der 50er Jahre; in seiner Romantrilogie *Tauben im Gras, Treibhaus, Der Tod in Rom* schildert er die polit. und gesellschaftl. Situation der Nachkriegszeit in West-Dtl.; in einem an Faulkner, Dos Passos und Joyce geschulten Stil (Montage-Technik, Perspektivenwechsel, innerer Monolog) entwirft er das Bild einer zunehmend reaktionären oder opportunistischen Gesellschaft, die noch weitgehend der autoritären Denkweise der unheilvollen Vergangenheit verhaftet ist, wirft Schlaglichter auf die Realität der Lebensverhältnisse, die Enthumanisierung als Folge des Wirtschaftsaufschwungs, die Machtstrukturen der Bonner Adenauer-Ära und liefert - im 3. Teil - die erste literarische Kritik des Faschismus in Dtl.; den eigentlichen Durchbruch hatte K. allerdings erst 1976 mit dem autobiograph. Prosastück *Jugend*; Filmdrehbücher; reportagehafte Reiseberichte: *Nach Rußland und anderswohin*; *Amerikafahrt*; Essays (*Die elenden Skribenten*); zahlreiche Film-, Theater- und Literaturkritiken.

Koeppen
Wolfgang
1906-1996

Schweizer Architekt, Dramatiker und Romancier von internationalem Rang; wurde vor allem in den 50er und 60er Jahren diskutiert; in dieser Zeit wandelte er sich vom selbstreflexiven Romantizisten zum kritischen, sozialdemokratisch engagierten Zeitgenossen; als Dramatiker in der Tradition von B. Brecht stehend, demonstriert er in lehrhaften Stücken mangelnde Zivilcourage (*Biedermann und die Brandstifter*), Mechanismen der Judenverfolgung (*Andorra*) oder den Wahnsinn des Krieges (*Nun singen sie wieder*); zentrales Problem seiner Romane ist die schwierige Identitätssuche zwischen Selbstverleugnung und Selbstverwirklichung: *Stiller*; *Homo Faber*; *Mein Name sei Gantenbein*; mit *Wilhelm Tell für die Schule* demontierte F. den von Schiller inszenierten Nationalmythos und löste damit in der Schweiz heftige Diskussionen aus.

Frisch
Max
1911-1991

Gruppe 47

Andersch

Böll

Aichinger

Heißenbüttel

Bachmann

S. Lenz

Grass

M. Walser

Rühmkorf

Enzensberger

Johnson

Koeppen

Frisch

A. Schmidt

Celan

Dürrenmatt

Borchert

Jandl

G.B. Fuchs

Hochhut

Wallraff

Kroetz

Neue Innerlichkeit

Th. Bernhard

Handke

B. Strauß

Buchhalter, Übersetzer und Publizist aus Hamburg; als Erzähler liegt seine Hauptleistung in der innovativen Sprachbehandlung - Sch.s Ziel war es, die Diskontinuität von Bewußtseinsvorgängen sowohl optisch (im Druckbild) als auch sprachlich (durch Auflösung von grammatikalischen und Sinnzusammenhängen) darzustellen: Textkürzel („Fotos"), Raster- und Ausspartechnik, assoziative Einschübe (Zoten, Zitate, Anspielungen), eigenwillige Orthographie und dergl.; die eigentlichen „Inhalte" seiner Texte erscheinen dagegen blaß und konstruiert; Sch. schrieb zahlreiche Rundfunkessays und u.a. eine Biographie über Karl May; aufgrund seiner *Seelandschaft mit Pocahontas* Prozeß wegen „Gotteslästerung und Pornographie"; Erzz. *Leviathan* (Hohn auf die „beste aller Welten"); *Kühe in Halbtrauer*; Romane: *Das steinerne Herz*; *Kaff auch Mare crisium*; *Abend mit Goldrand*; Sch.s Hauptwerk ist *Zettels Traum*: Mit diesem Monumentalwerk (über 1300 Seiten auf Großformat, als Typoskript gedruckt) wollte Sch. zur „Metaliteratur" vorstoßen; die karge Handlung kreist um die Exegese der Werke von E.A. Poe (die Sch. - zus. mit H. Wollschläger - übersetzte); das hermetische, viel beachtete (und kaum gelesene) Werk gilt als bahnbrechend für die literar. Moderne - zumindest bei den Dechiffrierkünstlern unter den Arno-Schmidt-Jüngern.

Rumäniendeutscher Lyriker, dessen Eltern 1942 in ein KZ deportiert wurden und umkamen; er selbst überlebte Ghetto und Arbeitslager; von 1948 bis zu seinem Freitod in Paris als Lehrer an der École Normale Supérieur tätig; große Teile seines Werkes sind - ähnlich dem von Nelly Sachs (1891-1970) - der trauernden Auseinandersetzung mit NS-Dtl. und der Judenvernichtung gewidmet; C.s frühe Lyrik scheint vom frz. Symbolismus geprägt, dunkle surrealist. anmutende Bilder: *Der Sand aus den Urnen*; *Mohn und Gedächtnis*, darin die berühmte *Todesfuge*; seine spätere Lyrik ist um Reduktion und Verknappung bemüht, ihre zunehmende Hermetik stellt hohe Anforderungen an den Leser: *Von Schwelle zu Schwelle*; *Sprachgitter*; C.s Übersetzungen aus verschiedenen Sprachen basieren auf nachdichtenden „Begegnungen"

Schmidt
Arno Otto
1914-1979

Celan
Paul
(eigtl. P. Antschel oder
Anczel)
1920-1970

mit den übersetzten Dichtern, deren „Gesprächs"-Ergebnisse vielfach in die eigenen Gedichte einfließen.

Dürrenmatt
Friedrich
1921-1990

Schweizer Maler, Essayist, Erzähler und - vor allem - Dramatiker; in Auseinandersetzung mit Brechts Theaterkonzeption schrieb er effektvolle, mitunter grotesksatir. Komödien; obwohl selbst ein (auch polit. engagierter) Moralist, verzichtet er darin auf jede ordnende Sinnstiftung; größter Erfolg: *Der Besuch der alten Dame*: „tragische Komödie" über Scheinmoral und Käuflichkeit; weitere Dramen: *Die Ehe des Herrn Mississippi*; *Romulus der Große*; *Die Physiker*: Verantwortung des Wissenschaftlers; Erzz. (*Grieche sucht Griechin*, verfilmt), Hörspiele, Kriminalromane (*Der Richter und sein Henker* u.a.).

Borchert
Wolfgang
1921-1947

Hamburger Schauspieler, Dramatiker, Prosaautor; 1941 zum Kriegsdienst eingezogen; wegen „Zersetzung der Wehrkraft" inhaftiert und zur Feindbewährung an der Rußlandfront verurteilt; mit seinem Hörspiel und Theaterstück *Draußen vor der Tür* gab er einen spektakulären Anstoß für die dt. Nachkriegsliteratur: das zeitkritische Stationendrama schildert das Schicksal eines Kriegsheimkehrers, der alle Türen verschlossen findet, seine Verzweiflungsrufe verhallen ungehört; B.s lapidar-konzise, mit den Stilmitteln der Wiederholung und der disjunktiven Reihung arbeitenden Kurzgeschichten thematisieren Einsamkeit und Sehnsucht nach dem Zuhause, den Alltag in Hamburg, die Schuld der Väter (einschließlich Gottvater) und immer wieder das rastlose Getriebensein von B.s „Generation ohne Abschied": *An diesem Dienstag*; *Die Hundeblume*;

Jandl
Ernst
geb. 1925

Wiener Gymnasiallehrer und Lyriker im Umfeld der avantgardistischen „Wiener Gruppe" (H.C. Artmann, F. Achleitner, G. Rühm u.a.), von Dadaismus, Surrealismus und der „konkreten Poesie" beeinflußt; in seinen Sprech- und Lautgedichten bringt er Buchstaben- oder Wortbilder in eine nach klanglichen oder rhythmischen Gesichtspunkten zerlegte, variierte und dadurch neu geordnete Darstellungsform: *Laut und Luise*; *Sprechblasen* - berühmt: *Lichtung* („manche

meinen / lechts und rinks / kann man nicht / vel-
wechsern..."); hinter dem Sprachwitz, der spätestens
in einer Schlußpointe durchbricht, steckt ein grund-
sätzlicher Pessimismus und - in den späteren Gedichten, die z.T. mit „verhunzenden" Sondersprachen experimentieren - Selbstverachtung und Todesnähe: *die
bearbeitung der mütze*; *der gelbe hund*; *selbstporträt
des schachspielers als trinkende uhr*: in Zusammenarbeit mit Friederike Mayröcker entstanden auch et-
liche Hörspiele.

Fuchs
Günther Bruno
1928-1977

Berliner „Original"; Graphiker, Lyriker und Prosaautor; literar. Außenseiter und Bohemien, dessen la-
pidar-witzige, z.T. im Dialekt abgefaßten Märchen,
Kurzgeschichten, Gedichte sich als eine parodistisch-
satirische Form der Gesellschaftskritik verstehen; Vorliebe für die Perspektive von Kindern, Trinkern und
Außernseitern: *Brevier eines Degenschluckers*; *Trin-
kermeditationen*; *Pennergesang*; Roman *Der Bahnwärter Sandomir*; F. hat viele seiner Bücher mit eigenen Graphiken ausgestattet.

Hochhuth
Rolf
geb. 1931

Hessischer Buchhändler, Lektor und, als Dramatiker,
moralisch-politischer Aufklärer; war vor allem als
Vertreter des Dokumentartheaters im Gefolge von E.
Piscator in den 60er Jahren erfolgreich; die literar.
Umsetzung der aktuell-brisanten Themen blieb je-
doch nicht unumstritten; in seinem berühmtesten
Stück *Der Stellverteter* thematisiert H. die Passivität
des Papstes angesichts der Judenmorde; sein Drama
Juristen führte 1979 zum Rücktritt des damaligen Mi-
nisterpräsidenten von Baden-Württemberg, H. Filbin-
ger; weitere Dramen: *Soldaten*: Churchill und die
Bombardierung dt. Städte; *Lysistrata und die NATO*
(Komödie); *Die Hebamme* (Komödie); H. schreibt auch
Erzählungen, Essays und Gedichte.

Wallraff
Günter
geb. 1942

Kölner Redakteur (bei „Pardon", „Konkret") und
„Enthüllungsliterat", der es seit der Dokumentation
seiner Kriegsdienstverweigerung (*Von einem der aus-
zog und das Fürchten lernte*) als seine Aufgabe ansieht, gesellschaftl. Mißstände aufzudecken (Benach-
teiligung der Arbeiter, Nachrichtenmanipulation durch

die Medien usw.); aus Recherchegründen war er jahrelang unter falschem Namen als Journalist bei der „Bild-Zeitung" bzw. als „türkischer" Arbeiter in industriellen Großunternehmen tätig; die dabei entstandenen Dokumentationen - *Der Aufmacher, Der Mann, der bei 'Bild' Hans Esser war* und *Ganz unten* wurden große Publikumserfolge; allerdings bemüht sich W. darin - wie in seinen anderen Reportagen - nicht um literarische Gestaltung im eigtl. Sinne, der er sogar ursprünglich skeptisch gegenüberstand.

Kroetz
Franz Xaver
geb. 1946

Bayerischer Schauspieler und Dramatiker; Vertreter eines kritisch-realistischen, phasenweise sozialistisch agitierenden Volkstheaters im Gefolge von Horváth bzw. Brecht, das die Welt der kleinen Leute, der Zurückgebliebenen und Benachteiligten als bedrückende Milieustudie auf die Bühne bringt; skandalträchtige Themen oder Tabuverletzungen machten ihn Anfang der 70er Jahre zu einem der meistgespielten Autoren: *Heimarbeit; Hartnäckig; Stallerhof; Geisterbahn; Wildwechsel;* Arbeiterstücke: *Der stramme Max; Mensch Meier;* in den 80er Jahren wurde K. vor allem als „Baby Schimmerlos" in der Fernsehserie „Kir Royal" bekannt; K. schreibt auch Erzählungen und Romane (*Der Mondscheinknecht*), Hör- und Fernsehspiele.

Abkürzungen

ahdt.	althochdeutsch	jüd.	jüdisch
amerikan.	amerikanisch	kath.	katholisch
a.o	außerordentlich	kelt.	keltisch
ästhet.	ästhetisch	kirchl.	kirchlich
autobio-		lat.	lateinisch
graph.	autobiographisch	literar.	literarisch
Bd.	Band	luth.	lutherisch
Bde.	Bände	MA	Mittelalter
bearb.	bearbeitet	menschl.	menschlich
biograph.	biographisch	mhdt.	mittelhochdeutsch
bürgerl.	bürgerlich	norddt.	norddeutsch
christl.	christlich	österr.	österreichisch
dramat.	dramatisch	philos.	philosophisch
dt.	deutsch	poet.	poetisch
Dtl.	Deutschland	realist.	realistisch
ehem.	ehemalig	romant.	romantisch
eigtl.	eigentlich	russ.	russisch
engl.	englisch	Slg.	Sammlung
entspr.	entsprechend	Slgg.	Sammlungen
Erz.	Erzählung	satir.	satirisch
Erzz.	Erzählungen	SBZ	Sowjetische Besat-
ev.	evangelisch		zungszone
evtl.	eventuell	sog.	sogenannt
fragm.	fragmentarisch	span.	spanisch
frz.	französisch	theoret.	theoretisch
geb.	geboren	u.a.	unter anderem,
gegr.	gegründet		und andere
geistl.	geistlich	Übs.	Übersetzung
gesell-		Übss.	Übersetzungen
schaftl.	gesellschaftlich	Verf.	Verfasser
Ggs.	Gegensatz	vgl.	vergleiche
Hg.	Herausgeber	Verz.	Verzeichnis
histor.	historisch	wirtschaftl.	wirtschaftlich
humanist.	humanistisch	Zs.	Zeitschrift
ital.	italienisch	Ztg.	Zeitung
Jh.	Jahrhundert	zus.	zusammen

Quellen

Arnold, Heinz Ludwig: Die westdeutsche Literatur 1945-1990. München (dtv) 1995.

Barner, Wilfried: Geschichte der deutschen Literatur von 1945 bis zur Gegenwart. München (Beck) 1994.

Frenzel, H.A. und E.: Daten deutscher Dichtung. Chronologischer Abriß der deutschen Literaturgeschichte. 2 Bde. München (dtv) 1962. [28]1994.

Habersetzer, Karl-Heinz (Hg.): Deutsche Schriftsteller im Portrait. 6 Bde. München (Beck) 1979-1984.

König, Robert: Deutsche Literaturgeschichte. 2 Bde. Bielefeld und Leipzig (Velhagen & Klasing) 1878. [29]1903.

Killy, Walter: Literaturlexikon. Autoren und Werke deutscher Sprache. 15 Bde. München (Bertelsmann) 1988 ff.

Martini, Fritz: Deutsche Literaturgeschichte von den Anfängen bis zur Gegenwart. Stuttgart (Kröner) 1961.

Rothmann, Kurt: Kleine Geschichte der deutschen Literatur. Stuttgart (Reclam) 1978. [7]1985.

Schlosser, Horst Dieter: dtv-Atlas zur deutschen Literatur. München (dtv) 1983. [6]1994.

Žmegač, Viktor (Hg.): Geschichte der deutschen Literatur vom 18. Jahrhundert bis zur Gegenwart. 4 Bde. Königstein/Ts. (Athenäum) 1979-1980.

Autorenregister

Aichinger, Ilse	110
Andersch, Alfred	109
Anzengruber, Ludwig	81
Arnim, Achim von	55
Arp, Hans	105
Bachmann, Ingeborg	110
Ball, Hugo	105
Benn, Gottfried	101
Bernhard, Thomas	121
Böll, Heinrich	109
Borchert, Wolfgang	126
Börne, Ludwig	67
Brant, Sebastian	22
Brecht, Bert	96
Brentano, Clemens	55
Broch, Hermann	93
Büchner, Georg	68
Bürger, Gottfried August	40
Celan, Paul	125
Claudius, Matthias	37
Döblin, Alfred	99
Doderer, Heimito von	95
Droste-Hülshoff, Anette von	62
Dürrenmatt, Friedrich	126
Eckhart (Meister Eckhart)	18
Eichendorff, Joseph von	57
Enzensberger, Hans Magnus	112
Erasmus von Rotterdam	22
Feuchtwanger, Lion	93
Fischart, Johann	24
Fleming, Paul	28
Fontane, Theodor	73
Freytag, Gustav	72
Frisch, Max	123
Fuchs, Günter Bruno	127
Gellert, Christian Fürchtegott	36
George, Stefan	86
Goethe, Johann Wolfgang von	41, 45
Gottfried von Straßburg	15
Gottsched, Johann Christoph	32
Grabbe, Christian Dietrich	68

Grass, Günter	111
Grillparzer, Franz	60
Grimm, Jacob	55
Grimm, Wilhelm	56
Grimmelshausen, Johann Jacob Christoffel von	29
Gryphius, Andreas	28
Handke, Peter	121
Hartmann von Aue	14
Hauff, Wilhelm	63
Hauptmann, Gerhart	81
Hebbel, Friedrich	72
Hebel, Johann Peter	60
Heine, Heinrich	67
Heißenbüttel, Helmut	110
Herder, Johann Gottfried	40
Hermlin, Stephan	116
Hesse, Hermann	92
Heym, Georg	101
Hochhuth, Rolf	127
Hoffmann, Ernst Theodor Amadeus	54
Hofmannsthal, Hugo von	87
Hofmannswaldau, Christian Hofmann von	28
Hölderlin, Friedrich	46
Holz, Arno	82
Horváth, Ödön von	89
Hutten, Ulrich von	23
Immermann, Karl Leberecht	61
Jahnn, Hans Henny	94
Jandl, Ernst	126
Jean Paul	49
Johannes von Tepl	18
Johnson, Uwe	113
Jünger, Ernst	94
Jung-Stilling, Johann Heinrich	37
Kafka, Franz	100
Kaiser, Georg	99
Kant, Hermann	116
Kästner, Erich	96
Keller, Gottfried	74
Kirsch, Sarah	118
Kleist, Heinrich von	49
Klopstock, Friedrich Gottlieb	36
Koeppen, Wolfgang	123

Kroetz, Franz Xaver	128
Lenz, Jakob Michael Reinhold	41
Lenz, Siegfried	111
Lessing, Gotthold Ephraim	32
Lichtenberg, Georg Christoph	32
Logau, Friedrich von	27
Luther, Martin	22
Mann, Heinrich	91
Mann, Thomas	92
Meister Eckhart	18
Meyer, Conrad Ferdinand	74
Morgenstern, Christian	91
Mörike, Eduard	63
Müller, Heiner	117
Murner, Thomas	22
Musil, Robert	88
Neidhart von Reuental	15
Nestroy, Johann	62
Nietzsche, Friedrich	77
Novalis	52
Opitz, Martin	27
Oswald von Wolkenstein	19
Platen, August von	61
Raabe, Wilhelm	75
Raimund, Ferdinand	60
Rilke, Rainer Maria	87
Rühmkorf, Peter	112
Sachs, Hans	23
Scheffel, Viktor von	74
Schiller, Friedrich von	42, 46
Schlegel, August Wilhelm	52
Schlegel, Friedrich	52
Schmidt, Arno	125
Schnitzler, Arthur	86
Schwitters, Kurt	105
Seghers, Anna	116
Spee von Langenfeld, Friedrich	27
Sternheim, Carl	99
Stifter, Adalbert	63
Storm, Theodor	73
Strauß, Botho	122
Sudermann, Hermann	81
Tieck, Ludwig	53

Trakl, Georg   101
Uhland, Ludwig   56
Voß, Johann Heinrich   37
Wackenroder, Wilhelm Heinrich   53
Wallraff, Günter   127
Walser, Martin   112
Walther von der Vogelweide   14
Wedekind, Frank   77
Werfel, Franz   102
Wernher der Gartenaere   18
Wieland, Christoph Martin   36
Wolf, Christa   117
Wolfram von Eschenbach   14
Zuckmayer, Carl   95
Zweig, Stefan   88